DE PROFUNDIS,

PAR

ALFRED MOUSSE.

Un livre est une rose
Qu'on respire et qu'on jette, et qui meurt en tombant.
ALFRED DE MUSSET.

PARIS,
A LA LIBRAIRIE
DE LECOINTE ET POUGIN, ÉDITEURS,
Quai des Augustins, N° 49.

MDCCCXXXIV.

DE PROFUNDIS.

DE PROFUNDIS,

PAR

ALFRED MOUSSE.

> Un livre est une rose
> Qu'on respire et qu'on jette, et qui meurt en tombant.
>
> ALFRED DE MUSSET.

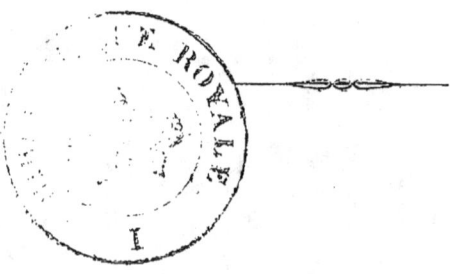

PARIS.

A LA LIBRAIRIE
DE LECOINTE ET POUGIN, ÉDITEURS,
Quai des Augustins, N° 49.

MDCCCXXXIV.

PRÉFACE.

> La Préface, c'est la pudeur du livre, c'est sa rougeur, ce sont les demi-aveux, les soupirs étouffés, les coquettes agaceries, c'est tout le charme ; c'est la jeune fille qui reste long-temps à dénouer sa ceinture et à délacer son corset avant d'entrer au lit où son amoureux l'attend.
>
> THÉOPHILE GAUTIER.

Il nous a pris le caprice de faire une préface, nous espérons qu'il vous prendra la fantaisie de la lire.

Nous devons vous dire pourquoi nous avons eu la fatuité de faire une préface, c'est que, voyez-vous, nous avons su que M. Théophile Gautier ne lisait que la préface et la table d'un livre.

Comme nous aimons M. Théophile Gautier et que nous lui sommes redevable d'une très-jolie épigraphe, nous avons cru devoir l'en remercier, en commençant notre livre par une préface et en le terminant par une table ; sans cette extrême complaisance de notre part, il eût peut-être été obligé de feuilleter notre livre, chose ennuyeuse comme une femme qui parle de vertu quand on lui parle d'amour.

Mais avant de faire cette préface, nous avons fait un roman, et l'idée nous en vint un soir que nous avions le regard fixé sur la taille d'une Grisette.

Nous avons d'abord ri, nous avons repoussé l'idée, mais elle s'est attachée à nous avec ténacité; elle nous a poursuivi, caressé, obsédé, elle a bourdonné comme une mouche dans notre cerveau, elle est venue se mêler à nos rêves de jeune homme, elle s'est présentée à nos yeux comme une jeune fille faible et tremblante, qui lance un regard d'amour, qui tend une main blanche et gracieuse, qui supplie d'une douce et fraîche.... le moyen de lui résister !

Et depuis ce jour, nous avons écrit notre roman, nous nous sommes passionné pour lui, nous lui avons tout sacrifié, amour, plaisirs, sommeil, tout; nous nous sommes rendu son esclave, nous nous sommes soumis à ses moindres caprices, nos joyeux amis nous ont donné les épithètes de fou, de maussade, ils sont venus nous voir, ils ont fait bacchanale chez nous, mais ils n'ont pu briser notre rêve, ils n'ont pu briser l'illusion qui nous caresse et qui peut-être tombera comme la fleur de l'amandier quand le vent du nord siffle dans ses branches.

Depuis long-temps nous avions une pensée philosophique, — nous vous prions de remarquer ici que ce n'est pas toujours aux philosophes que viennent les pensées philosophiques. — Nous avons développé notre pensée, peut-être un peu légèrement; mais c'est, il nous semble, le seul moyen de ne pas ennuyer.

Nous ne vous dirons pas notre pensée, cela nous semble aussi sot que d'expliquer le texte au bas d'une gravure. —

Tout le monde lit des romans, il semble que ce soit un besoin de notre société, si grave et si réfléchie, qui avance comme une écrévisse dans la civilisation, oui c'est un de ses besoins, c'est un de ses délassemens, un de ses rêves dorés; un roman dans le 19e siècle, c'est un sourire sur la bouche d'une jeune femme ; et quoi qu'en dise la réaction qui veut saper nos belles croyances littéraires, on aimera toujours le sourire d'une jeune femme. —

Notre roman fini, nous avons cherché à lui adapter un titre. — C'est peut-être ce qu'il y a de plus difficile ; un de nos amis a fait un roman en deux mois, et il lui a fallu près de trois mois pour trouver un titre qui lui plût.

Nous avions pensé à ce titre : *La Prostituée*, nous avons gravement réfléchi, nous en avons parlé à une de nos jeunes tantes, aussi aimable que spirituelle, qui s'est récriée, qui nous a appelé fou, immoral, et comme nous tenons essentiellement à suivre les caprices de notre tante, nous lui avons promis de chercher un autre titre.

Le lendemain nous sommes arrivé chez elle avec ces deux titres : *La Danse infernale* et *Dans l'Alcôve;* à son tour elle a gravement réfléchi, un sourire est passé sur ses lèvres, notre cœur a battu, mais une petite moue a remplacé le sourire, et notre jolie tante nous a fait observer que *la Danse infernale* était un titre guindé, prétentieux ; et que *Dans l'alcôve*, avait quelque ressemblance avec *Sous les tilleuls* de M. Alphonse Karr, roman qu'elle a lu trois fois.

Nous l'avons quittée assez tristement, et le même soir nous l'avons revue au Gymnase; nous allions lui dire avec emphase quelques nouveaux titres, quand elle nous a présenté un carré de papier azuré, sur lequel ses jolis doigts avaient glissé pour écrire : DE PROFUNDIS.

Nous avons accepté ce titre avec joie et nous avons pensé

judicieusement qu'il nous serait impossible d'en trouver un qui pût plaire à notre tante.

« Nous avons écrit : DE PROFUNDIS en lettres fashionables sur le premier feuillet de notre roman, et nous avons été avec la conscience de notre mérite, l'offrir à notre éditeur; il nous a reçu avec une amabilité qui lui fait honneur, nous lui avons lu les plus beaux passages, — si tant est qu'il y ait de beaux passages, — et nous l'avons quitté avec sa promesse que nous allions être annoncé dans les journaux, et que dans un mois, notre nom serait affiché à la porte de tous les cabinets littéraires de la France.

Nous donnons ces détails afin qu'ils puissent servir à ceux qui, comme nous, ont l'idée de faire des romans; mais, pour leur bonheur, nous souhaitons que cette idée ne leur vienne jamais.

Ire PARTIE.

CHAPITRE PREMIER.

Elle entrait, en riant, dans un monde de larmes;
Elle entrait, pure encore, dans un monde sali;
Son cœur de jeune vierge ignorait les alarmes;
Mais de ses jours heureux le soleil a pâli.

Nous.

La fleur qui fleurit le matin se fane le soir.

Maxime latine.

Marie.

—

1814.

Un soir de l'automne 1814, monsieur le marquis de Lancy donna un bal au château de Saint-Firmin.

Le bal fut magnifique; et vers onze heures du soir, c'était ravissant de voir, à la clarté d'un lustre aux mille étoiles, glisser, tournoyer de fraîches et délicieuses jeunes filles, légères et gracieuses comme des anges.

Mais Marie, la pure et candide Marie les éclipsait toutes; et tous les hommes l'admiraient, tandis que les femmes lui lançaient un millier d'épigrammes.

Elle était si belle! ses yeux noirs fendus en amande avaient une si douce expression! ses traits étaient si purs! sa joue était si rose! son front si blanc! et puis Marie avait une robe qui lui dessinait si gracieusement la taille!....

Marie était belle, belle à se faire adorer des hommes, belle à se faire maudire des femmes. — Méchant! n'est-ce pas, ô notre jolie lectrice? oui, par fois; quand le ciel est brumeux comme ce matin.

Edouard d'Ermon, jeune officier d'artillerie, dansa souvent avec elle; et au premier coup-d'œil, on aurait pu deviner que la pauvre enfant en était folle. Quand leurs regards se rencontraient, on voyait Marie tressaillir; quand le jeune officier lui parlait, Marie poussait un soupir; et quand il ne dansait plus avec elle, elle paraissait inquiète, et cherchait à deviner ce qu'il pouvait dire à sa danseuse.

Il vint un moment où Edouard sortit du bal en lançant un regard expressif à la jeune fille; Marie avait rougi, et Anna, jeune Espagnole aux yeux noirs, avait compris le regard d'Edouard, la rougeur de Marie. L'indigne! s'était-elle écriée; l'indigne! oublier si vite un serment! oublier que tout-à-l'heure il me jurait encore....; et rapide comme la pensée jalouse qui l'assiégeait, Anna courut après Edouard.

Elle traversa, dans tous les sens, le grand jardin du château de Saint-Firmin; elle jeta un regard perçant dans tous les massifs, sous tous les berceaux; ce fut en vain, Edouard n'y était pas.

Elle allait rentrer dans le salon, quand, passant près de l'escalier des voûtes, elle entendit un léger bruit; elle descendit, et quand elle arriva au bas de l'escalier, elle n'eut plus la force d'avancer, elle se sentait défaillir; et au milieu de l'obscurité, mille ombres fantastiques se dessinaient à ses yeux.

Elle écoute...., rien; elle écoute encore, il a parlé.... sa voix a retenti dans les voûtes, il l'appelle son ange.... Anna porta la main sur son cœur, il lui semblait qu'on l'entourait de glace; Edouard était à deux pas, et les baisers qu'il prodiguait à Marie retombaient sur son cœur avec tout le poids de la jalousie.

Si près de moi! pensait-elle; et si je voulais, je briserais cette scène harmonieuse. Elle voulut parler, elle était muette; elle voulut avancer, elle ne le put, et un instant après, elle sentit le frôlement de la robe de Marie qui s'éloignait.

Edouard était resté et se promenait sous les voûtes.

— Encore deux minutes, dit-il à voix basse, et je rentre; il fait froid ici quand Marie n'y est pas : cette pauvre petite Marie! comme elle s'est abandonnée à moi avec tranquillité, avec candeur, on est si bonne et si faible à dix-huit ans! Elle a pleuré, pourtant; mais c'était des larmes d'amour et de joie! Elle m'aime; oh! oui, elle m'aime; car elle croit à mes promesses comme elle croit en Dieu. Pauvre petite! si elle savait que demain je m'éloigne du château; si elle savait que dans deux jours je ne penserai plus à elle, le chagrin l'empêcherait de dormir cette nuit.

Allons, continua-t-il après un silence; je vais aller retrouver Anna; que diable va-t-elle penser de mon absence; si jamais elle s'était douté.... oh non.... d'ailleurs, je lui persuaderais le contraire.

Il allait remonter, Anna l'arrêta.

— C'est toi, Marie, lui dit-il?

— Non, c'est Anna!

— Ah! c'est toi, mon ange.... ma chérie, tu me cherchais?

— Non, je cherchais Marie.

— Tu sais donc?...

— Je sais tout.

— Quoi! tu étais là?

— Oui, j'étais là, quand, pour réaliser un rêve, un désir, tu as brisé toutes les illusions d'une jeune fille, tu l'as séduite en lui faisant les mêmes promesses que tu me faisais il y a deux ans.

— Mais....

— Oh! Edouard, tu veux donc me faire mourir.

— Non, je veux que tu vives pour m'aimer comme je t'aime.

Edouard voulut embrasser Anna, mais elle le repoussa en lui disant d'une voix tremblante :

— Tes lèvres sont salies par un autre amour.

CHAPITRE II.

La voyez-vous, la jeune fille,
Pâle d'amour, pâle d'ennuis?
Sa bouche est rose et son œil brille
Comme une étoile au sein des nuits.

La soirée était douce
Quand son bras m'enlaçait;
C'était là sur la mousse,
Le vent nous caressait.

Nous.

Anna.

―

1812.

La soirée était belle et pure, l'air qu'on respirait était voluptueux.

Le soleil d'Espagne ne jetait plus qu'un pâle reflet sur les têtes ondoyantes des orangers et des citronniers; le vent tiède du soir bruissait, folâtrait dans leur feuillage.

Le ciel, d'un bleu foncé, était nuancé de nuages blancs et roses.

La première étoile allait scintiller; c'était plaisir, c'était bonheur de respirer le parfum odorant des champs, de sentir son âme se réveiller aux douces impressions, et d'éprouver un délicieux frémissement.

Dans un vallon silencieux de l'Andalousie, à peu de distance de Malaga, un jeune lieutenant de l'artillerie française, aux cheveux bruns, aux sourcils épais, aux yeux noirs, et dont la physionomie ne traçait qu'un caractère léger, sans énergie, se promenait sous une allée d'orangers, en sifflant le joyeux air d'une vieille chanson espagnole.

C'était Edouard d'Ermon; il paraissait attendre quelqu'un avec impatience, et se souciait peu de ce sublime, de ce poétique tableau du soir qui s'offrait à sa vue, puisqu'il ne cessait de siffler que pour prononcer ce juron si peu gracieux : S.... D...! elle ne vient pas.

Le soleil avait entièrement disparu, l'espace se brunissait, quand il crut distinguer une robe noire à travers le feuillage épais d'une touffe de figuiers.

— C'est Anna, s'écria-t-il d'un air joyeux, et il courut vers la touffe de figuiers.

Une jeune fille lui tendit la main, et approcha son front blanc et uni des lèvres d'Edouard, il y déposa un baiser.

Anna était la fille d'un général espagnol émigré depuis long-temps, et qui lui avait laissé quelque fortune ; elle avait dix-huit ans, depuis un mois elle ressentait un violent amour pour Edouard, qu'elle avait vu passer et repasser vingt fois dans une journée, sous sa fenêtre, et qui lui avait écrit des lettres brûlantes, remplies de louanges et de mensonges.

Les deux amans s'étaient donné un rendez-vous sous les orangers.

La causerie fut douce et caressante comme le vent du soir. — Les soupirs brûlans, les regards passionnés......................
....

Et à onze heures du soir, Edouard et Anna rentraient dans Malaga ; Edouard sifflait encore et pressait le pas; Anna, pâle et pensive, l'œil humide, appuyait légèrement son bras sur le bras du jeune homme; elle s'était caché la figure de sa mantille pour dérober l'agitation de ses traits aux yeux des passans.

Le lendemain, Edouard avait obtenu la permission de passer la nuit *chez* Anna.

CHAPITRE III.

L'amour ? c'est la joie éphémère,
C'est un rêve doré dans un profond sommeil ;
Sans l'amour, la vie est amère ;
C'est l'enfant qui n'a plus de mère,
C'est un ciel brumeux sans soleil.

Nous.

La Modiste.

—

1832.

Vers la fin d'avril 1832, Octave flanait un soir sur la place Cambrai.

— Octave est un jeune homme qui vient de se lancer dans le monde littéraire ; il a près de vingt ans, il est brun, sa figure est pâle, ses joues sont creuses, son front est large; il y a dans le feu de ses yeux noirs, il y a dans son regard une belle expression qui décèle le poète.

Sa mise n'est pas riche, mais elle est originale. Son habit, d'un bleu-clair, est coupé sur une forme nouvelle, sa cravate est mise avec une négligence affectée.

Depuis qu'il se connaît, il s'est presque toujours vu dans un collège; son enfance est un mystère pour lui; il sait qu'il a une mère, il sait qu'il en est chéri, mais il ne l'a jamais vue.

Tous les mois il reçoit une lettre de sa mère, et un bon de cent francs à toucher à la poste.

La lettre est toujours timbrée de Paris, elle n'est jamais signée que par ces mots : *ta mère*. —

Octave rêvait profondément, lorsqu'un frôlement de robe lui fit éprouver une de ces douces sensations qu'on ne peut définir.

C'était une jeune fille qui, pour ne pas être éclaboussée par une voiture élégante, s'était trouvée obligée de passer tout contre lui.

Il la suivit des yeux et la vit se mêler à la foule qui entrait alors au théâtre du Panthéon, pour voir M. Kiouny l'éléphant, artiste distingué.

Octave perdit la jeune fille de vue; mais sa taille, sa robe rose, son chapeau vert et son schal nuancé de rouge et de jaune restèrent empreints dans sa mémoire.

Si j'allais voir Kiouny, pensa-t-il après avoir long-temps regardé l'affiche du spectacle sans la voir; il demanda une carte et entra.

Au premier regard, il reconnut la jeune fille; et pendant que les spectateurs admiraient l'adresse de Kiouny, il contemplait avec extase deux grands yeux bleus, un visage frais et vermeil, et deux mains blanches comme la neige.

Il allait s'approcher d'elle, quand un grand jeune homme au front étroit, et mis presque élégamment, alla s'asseoir derrière la jeune fille et lui ferma le passage.

Pendant l'entr'acte, le grand jeune homme essaya quelques mots.... sur le spectacle, les romans à la mode, le beau temps,....

quelques complimens sur les beaux yeux, la belle bouche, la belle taille, on lui répondit avec dédain; il osa même offrir une orange, on lui tourna le dos.

Octave en fut ravi, car il se sentait déjà jaloux; l'Amour et la Jalousie se tiennent par la main.

Et le grand jeune homme au front étroit en devint rouge de colère; car sur sa petite tête, la bosse de l'amour-propre était bien prononcée.

Après le spectacle, la jeune fille reprit son chapeau qu'elle avait suspendu devant elle, le plaça gracieusement sur sa tête et descendit. Octave la suivit encore; elle s'avança sur la place Cambrai, et entra dans l'hôtel de Malte.

Octave regarda un instant la porte qui venait de se refermer sur elle.

— Elle n'est pas mal, la petite, dit Saint-Faust en abordant Octave.

Octave le regarda sans lui répondre.

Elle s'appelle Camille, continua Saint-Faust, c'est une jeune modiste; elle est tant soit peu farouche; je l'ai rencontrée l'autre jour au bois de Boulogne, elle était à ravir. Je lui ai dit quelques mots, elle a d'abord feint de ne pas m'entendre; mais elle a fini par m'avouer qu'elle aimait beaucoup les lunettes bleues : et ce jour-là, j'avais des lunettes bleues.

— Il me semblait pourtant ce soir qu'elle ne vous connaissait pas, dit Octave avec dépit.

— Elle feignait de ne pas me connaître; car elle boude depuis que j'ai changé les verres de mes lunettes; et d'ailleurs ne suis-je pas connu de toutes les grisettes, elles me trouvent toutes si fou, si drôle, si original.

— C'est fort heureux !

Saint Faust, après avoir tourné mille fois la tête vers la rue Saint-Jacques, prit une flûte en ébène, et se mit à jouer assez mal un morceau de Robert le Diable.

— Vous donnez donc le soir des sérénades aux jeunes filles, lui dit Octave.

— Non, c'est pour tuer le temps; j'attends un ami, monsieur Paul D***, jeune artiste plein de talent, auquel j'ai donné les premières leçons de littérature. Il tarde bien à venir ; mais le voilà !

En effet, Octave entendit la voix d'un jeune homme qui fredonnait :

> Quand dans notre pâtrie
> La liberté viendra,
> Le premier je m'écrie :
> Choléra ! Choléra !

> Dans nos terreurs sinistres
> Bientôt on se dira,
> En voyant les ministres :
> Choléra ! Choléra !

— Mauvais ! Mauvais ! lui dit Saint-Faust d'un air connaisseur, je connais mieux ton genre que toi, tu ne réussiras jamais que dans le mélodrame.

Paul, sans prendre garde à ce que disait Saint-Faust, ouvrit la porte de l'hôtel de Malte ; Saint-Faust voulut le suivre, mais la porte était déjà refermée.

— J'avais pourtant recueilli beaucoup

d'idées philosophiques qui pourraient lui servir, dit Saint-Faust en s'éloignant.

Octave était toujours immobile, les yeux fixés vers la façade de l'hôtel; un reflet d'ivresse, de bonheur, d'amour, glissait sur son cœur; car, à travers les rideaux d'une des fenêtres, il voyait passer et repasser l'ombre de la jeune fille.

CHAPITRE IV.

Rien ne pèse tant qu'un secret.

La Fontaine.

— Dis-donc, Paul !
— Hein !
— As-tu déjà vu une femme discrète ?
— As tu déjà vu le diable.

Historique.

Une confidence à notre lectrice.

—

Ne vous est-il jamais arrivé, ô notre jolie lectrice, de faire une confidence?

Un jour, nous confiâmes un secret à une jeune fille qui nous jura par ses yeux bleus de garder le plus profond silence ; mais notre confidente avait un confident, ce confident avait comme nous une confidente, et le lendemain, notre secret n'était plus un secret.

Quand vous voudrez faire une confidence, ne recommandez jamais de garder le secret.

La confidence que nous voulons vous faire, la voici :

Vous souvient-il de ce qui s'est passé sous les voûtes du château de Saint-Firmin et sous une touffe de figuiers près de Malaga? Oui, n'est-ce pas, ce sont de ces choses qui ne s'oublient pas si vite; eh bien! nous aurons le bonheur de vous dire à l'oreille, en respirant le parfum de vos cheveux, que Marie et Anna sont devenues mères, et qu'Octave et Camille sont leurs enfans.

Vous noterez bien qu'Octave est le frère de Camille, et par la même raison Camille la sœur d'Octave, puisque tous deux sont enfans naturels d'Edouard d'Ermon.

CHAPITRE V.

J'aime à penser au temps où j'étais mousse ;
J'aime à tenir brunette sur la mousse,
Et j'aime mieux le Champagne qui mousse
Que tous les vers de Musset et de Mousse.

Paul. — Fantaisies. —

Vous êtes un fou.

Une de nos Tantes.

Paul.

Octave s'avança lentement vers la rue de La Harpe. Quand il fut entré dans sa chambre, il ouvrit sa fenêtre et s'accouda sur le bord; il faisait presque jour quand il s'aperçut qu'il n'avait pas encore dormi. Depuis quelques heures il avait fait un long rêve;

il s'était jeté à corps perdu dans une vie idéale, dans une vie d'amour et de poésie, et vingt fois il s'était écrié en frémissant :

Je l'aime !

Il se pencha sur son lit, mais il ne put dormir ; et vers sept heures du matin, il entra, pâle et fatigué, la toilette en désordre, dans l'hôtel de Malte.

— Pourrai-je louer une chambre? dit-il à la portière.

— Oui, Monsieur, lui répondit la jeune femme avec un sourire de bienveillance, montez au premier, poussez la porte à droite et parlez à madame.

Deux minutes après, Octave était locataire d'une chambre au troisième, à deux fenêtres donnant sur la place Cambrai, jolie petite chambre d'artiste, garnie d'un lit aux rideaux blancs, d'une commode, d'une table et de quelques chaises.

Octave y fit transporter son mobilier ; et quand il eut classé ses fragmens de drames, de romans, ses vaudevilles, ses chansons, avec l'ordre d'un notaire qui inventorie des papiers, il ouvrit sa fenêtre pour respirer.

Il était là, regardant tomber l'eau d'une fontaine, le cœur ému, rêvant l'amour, le bonheur, rêvant un avenir de joie, quand il entendit déclamer avec feu dans la chambre voisine de la sienne, un *beau* passage de mélodrame. Il crut reconnaître la voix de Paul; c'était Paul en effet qui déclamait ainsi. Octave l'avait déjà vu quelquefois; après avoir réfléchi un instant, il pensa qu'il était bon de faire sa connaissance; et il allait entrer chez Paul, quand ce dernier parut sur le seuil de sa porte.

— Je vous demande bien pardon, lui dit Octave en l'abordant; mais je crois deviner que vous êtes artiste, et....

— Oh! Monsieur, vous êtes vraiment trop bon de me croire artiste, dit Paul en interrompant Octave, je suis plutôt un peu fou; veuillez entrer chez moi. Il est vrai que parfois je fais des mélodrames pour madame Saqui et pour le théâtre du Luxembourg; mais c'est purement pour me désennuyer un peu et pour aller dîner au Palais-Royal;

après cela je regarde la gloire comme quelque chose d'insipide, et j'aime mieux un bol de punch qu'une couronne de lauriers. Depuis ce matin je suis occupé à faire un mélodrame en trois actes; ce soir j'espère qu'il sera terminé.

— Diable! vous allez vite; moi, quand je fais un acte par semaine, je suis enchanté.

— Bah! vous êtes homme de lettres?

— Si on est homme de lettres en faisant des mélodrames et des vaudevilles.

— Vous faites des mélodrames, des vaudevilles! Voulez-vous que nous travaillions ensemble?

— Oui.

— Barthélemy et Méry ont fait des merveilles, — nous aurons une maîtresse en commun.

— Nous verrons.

— Vous êtes jaloux! — Est-ce que vous avez dîné?

— Non.

— Venez, on dîne bien au Palais-Royal.

— Comment vous nommez-vous?

— Octave.

Ils partirent; à leur retour, ils récapitulèrent leur fortune.

Es-tu riche? dit Paul à Octave en prenant une plume et du papier.

— Deux cents francs. — Et toi?

— Moi! mon actif se compose de. 00000
Et mon passif, de............. 600 f.
Mais j'ai deux vaudevilles et un mélodrame à vendre, dans lesquels il y a pour mille francs de talent et de génie; or, comme le génie ne se paie pas, je prévois que je ne pourrai arracher à ces maudits directeurs de théâtre qu'une somme de cinq cents francs, à laquelle j'évalue le talent que j'ai déployé dans ces ouvrages, ci................ 500

Il suit de là, que le passif excède l'actif de...................... 100

Mais comme toutes les dettes que je fais sont à la charge de mon père et seront acquittées par lui, tu conçois que je puis, sans amour-propre, me dire propriétaire d'une somme de cinq cents francs.

— Si, toutefois, les directeurs de théâtre ont une aussi bonne opinion que toi de ton talent.

— Je n'ai pas d'amour-propre ou Gall est un menteur.

Sur d'aussi belles espérances, Paul et Octave allèrent flâner au jardin des plantes.

— J'aime à venir ici, dit Paul à Octave; ces palmiers et ces autres arbres me rappellent si bien l'Amérique.

— Comment, tu as été en Amérique?

— J'ai été bien ailleurs, ma foi;

— Bah!

— Parbleu, j'ai presque fait le tour du monde.

— Oh! ce jeune homme qui a fait le tour du monde!

— Je te jure qu'à seize ans j'étais mousse dans un vaisseau qui voguait pour l'Amérique; j'ai vu le nouveau monde et ses femmes noires et lascives; je me suis énivré d'amour avec elles; oh! si tu les connaissais, elles ont des baisers qui brûlent, qui laissent une empreinte sur la peau. Quand elles aiment, ce sont des diablesses, leur cœur est un enfer. — J'ai vu l'Afrique, et je me suis brûlé les pieds dans ses sables; j'ai vu les Bédouins, et je me suis battu à la guerre d'Alger. — J'ai parcouru le midi de la France, la Suisse, l'Allemagne, — la patrie de mon père, — et las de courir, je suis revenu à Paris.

— Sans voir l'Italie?

— C'est trop classique. — J'avais appris qu'en France on avait essayé d'un autre roi, mais on ne m'avait pas dit qu'en France les chapeaux étaient séditieux. A mon retour, j'avais un costume bizarre, un chapeau à la bousingoth; je fus arrêté, conduit à Pélagie, où je suis resté un mois sans savoir pourquoi.

— C'est parce que la France avait changé de gouvernement.

— Elle a fait une belle équipée; mais pour me venger de sa police, je me suis fait républicain, membre de la société des droits de l'homme et saint-simonien; mon père, helléniste et professeur au collège de................, philippiste à désespérer un épicier, trouva fort mauvais que son fils fût républicain, et le brave et digne homme me ferma sa porte et sa bourse.

Depuis un mois je suis ici; je deviens littérateur sans y penser, comme Jules Janin; pour toute richesse j'ai des souvenirs, de belles idées, une action sur la gloire et une fortune dans l'avenir.

— Et quelles sont tes ressources actuelles?

— Mes ressources? je te l'ai déjà dit; je travaille quelquefois et je vends mes ouvrages; et puis j'ai deux sœurs, jeunes encore, deux anges de douceur et de bonté, qui m'aiment beaucoup, et qui m'envoient ce qu'elles économisent sur les frais de leur toilette.

— Les bonnes sœurs!

— Dis donc, Octave, n'étais-tu pas hier avec Saint-Faust devant l'hôtel de Malte quand je suis rentré?

— Oui, c'est vrai, quel est donc ce Saint-Faust?

— C'est un singulier être qui ne ressemble à personne et qui prend une teinte à tout le monde, espèce de dandy qui s'admire et qui croit qu'on l'admire ; il est étudiant en droit, et parmi ses amis il s'est bâti une réputation d'homme à bonnes fortunes. Il affecte d'être blasé sur toutes les choses qu'il ignore encore, et toujours il termine ainsi ses conversations : croyez donc à la vertu des femmes après cela ; tu noteras bien que dans toutes ses conversations, il raconte trois ou quatre, quelquefois cinq bonnes fortunes imaginaires.

— Il m'a dit te connaître particulièrement et t'avoir donné les premières leçons de littérature.

Paul se prit à rire.

— Faux! Faux! Il ment impunément, et rien ne m'étonnerait qu'à la première rencontre, il ne me cornât aux oreilles : Octave est mon ami intime. — Mais que diable faisais-tu avec lui?

— Je ne sais pas, il m'avait suivi.

— Ou plutôt il avait suivi Camille.

— Camille!

— Une jeune modiste qui habite l'hôtel.

— Est-ce qu'il la connaît, vraiment?

— Il le dit.

— Elle est belle à ravir.

— Tu l'as donc vue?

— Une seule fois, hier, et je crois que je l'aime; je ne sais si c'est d'amour, j'éprouve pour elle un sentiment qui me fait rêver bien délicieusement.

— Et voilà pourquoi tu es venu habiter l'hôtel.

Octave et Paul quittèrent le jardin des plantes; et comme ils arrivèrent sur la place Cambray, la foule se pressait comme la veille à la porte du théâtre du Panthéon; on donnait ce soir-là, *le Diable et la jeune Fille*, drame de M. Lesguillon.

Octave y entraîna Paul; Camille n'y était pas, il alla s'asseoir d'un air assez triste à la place qu'elle occupait la veille.

— Elle ne viendra pas, je ne la verrai

plus ici, pensait-il amèrement, quand St.-Faust, qui venait de l'apercevoir, s'approcha de lui en lui tendant la main; Octave lui tendit la sienne d'un air insouciant.

La réputation de Saint-Faust chancelait, et il voulait se faire des amis.

— Monsieur, dit-il à Octave, vous aimez la modiste, je l'ai deviné.

— Eh bien?

— Eh bien je la connais particulièrement, et comme je m'intéresse à vous........

— Merci, merci. — Paul se mit à rire, et Saint-Faust se mordit les lèvres; il allait sortir de la loge quand une jeune fille entra; c'était Camille qui, pour se dérober à ses importunités, vint se placer près d'Octave qu'elle fit tressaillir.

Il est si doux de sentir pour la première fois le contact du bras, du genou, de l'ange qui vous fait aimer la vie.

Camille voulut, comme la veille, attacher et suspendre devant elle son joli chapeau vert; mais sa main tremblait, et le chapeau tomba au milieu du parterre. Elle fut saisie, devint blanche, et tourna ses yeux suppliants vers Saint-Faust resté debout contre la porte de la loge, il partit d'un grand éclat de rire.

St.-Faust était le seul, de tous les jeunes gens qui étaient là, que Camille connût un peu; elle voulait le prier de réparer sa maladresse, mais elle fut accablée par son rire méchant et sot.

Une teinte rose-foncé avait remplacé sa pâleur; elle regarda vers l'endroit où son chapeau était tombé, et le vit à la main d'un jeune homme, c'était Octave; il reparut, et le lui offrit d'un air tout à la fois joyeux et triste.

— Merci, merci, Monsieur, que vous êtes bon! lui dit Camille avec un sourire d'ange.

Octave était si ému, qu'il ne put répliquer; mais un instant après, une première conversation d'amour, d'abord douce et timide, puis brûlante et passionnée, s'établit entre lui et Camille.

Ici notre plume tricolore, qui certainement n'a jamais eu de passions, nous tombe des mains; nous vous prions, ô notre lectrice, de feuilleter vos souvenirs et de repasser cette première causerie d'amour qui vous a donné la fièvre, qui vous a énivrée de joie et de volupté, et qui fut cause de tant de rêves dorés. Nous vous en saurons gré, et nous baiserons respectueusement vos mains, rosées comme les fleurs de l'amandier, — ou blanches comme la neige.

Pendant qu'Octave et Camille conversaient si délicieusement, une femme assise à l'amphithéâtre, entourée de quelques *arsouilles*, regardait Camille avec ses yeux rouges et flamboyans.

C'était une prostituée........

C'était Marie....... autrefois pure et belle comme les anges, aujourd'hui souillée, fangeuse, impure........

C'était la mère de Camille.............

. . . .

CHAPITRE VI.

Camille.

—

Son existence avait coulé calme et limpide.

Alph. Karr.

Elle était belle, belle comme une étoile environnée de comètes brûlantes. Son œil était bleu, et

ses cheveux déliés comme ces fils voyageurs qui flottent sous le ciel d'automne.
Kosegarten.

Elle est fraîche, elle est rose, elle a de grands yeux, elle est belle !
Victor Hugo.

Plus limpide que ce flot pur.
Alph. De Lamartine.

Sus ojos eran de azul obscuro.

Elle est brillante de beauté comme la nuit des climats sans nuages et des cieux étoilés. La sérénité de ses traits exprime la pureté de ses pensées.
Byron. Mélodies.

Je suis sans fortune,
Je n'ai point d'ayeux,
Oui, mais je suis brune
Et j'ai des yeux bleus.
Chanson.

En la voyant si innocente et si pure, quel est, je ne dirai pas

CAMILLE.

l'homme, mais le démon même qui tenterait de la souiller.
Alex. Dumas.

His eyes were blue.

Dans leur douce mélancolie,
Ses yeux font rêver aux amours.
Béranger.

Quelle taille pouvait-on imaginer qui pût être en harmonie avec une si belle tête? Une forme svelte, élancée, délicate et de gracieuse proportion.
Mad. Allan-Dorval.

J'aime à voir cette jeune fille
Au teint éclatant de blancheur;
Aux yeux d'azur où l'amour brille,
C'est la rose dans sa fraîcheur.
. . . .
Elle est pure, elle est sans détour
Comme la vierge d'Idumée
Qui, sur le trône de l'amour,
Effeuillait la rose embaumée.
A. H.

Cette rose au matin sourit comme sa bouche.
A. Chénier.

Gli occhi di color del cielo.

C'est l'idéal de la pensée.
Octave.

Son œil est bleu comme l'azur
Du ciel et sa joue est rosée.
Elle est belle! Son cœur est pur
Comme une goutte de rosée.
Caprices de *Paul.*

Sa prunelle
Étincelle.
Henri IV.

CHAPITRE VII.

Ciel ! à deux pas,
O jeune fille,
Ne vois-tu pas
Un œil qui brille ?
— Oui, oui, je vois,
J'ai peur. — Pauvre ange !
Chut ! quelle voix.
Oh ! c'est étrange.

Nous. — Ballade.

Près de la Statue au bras brisé.

—

C'était le premier mai, oh mon Dieu, le jour de la fête du roi Philippe; mais Paris n'offrait guère en ce moment l'aspect d'une fête; c'était partout des pleurs, des gémissemens, partout le hideux choléra.

Ce jour-là, le soleil rayonnait cependant

dans un ciel pur et bleu, et le soir c'était un plaisir, une douce jouissance, de venir respirer sous les arbres feuillés du Luxembourg.

Parmi la foule des promeneurs, on distinguait une jeune fille aux yeux bleus, appuyée sur le bras d'un grand jeune homme à la taille élancée, à la figure pâle et belle. Quand parfois leurs doux regards se rencontraient, une expression de bonheur et d'amour se peignait sur leurs visages frais et rians.

Leur joie contrastait singulièrement avec la tristesse publique ; ils s'assirent tous deux près d'une statue en marbre dont le bras était brisé, et commencèrent une douce causerie :

— Bel ange! que je suis heureux de te connaître, disait le jeune homme.

— Et moi! répondait la jeune fille.

— La vie est si triste sans amour!

— Vous m'aimez bien, n'est-ce pas, Octave,

— Comme un fou, et toi?

— Comme une folle.

Un léger sourire passa sur leurs lèvres rosées, puis Camille, d'un air rêveur et triste continua :

— Vous ne m'abandonnerez jamais, n'est-ce pas, Octave; car je suis seule, seule au monde.

— Quoi, seule ! pas une mère, une amie, un frère !

— Non, pas une mère, pas une amie, pas un frère; du moins s'ils existent, je ne les ai jamais connus.

— Mais quand tu étais toute petite, quelqu'un sans doute veillait sur toi.

— Quelqu'un ?..... Une teinte rose colora le front et la joue de Camille. — Quelqu'un ?...... une bonne villageoise.

— Une bonne villageoise, nous l'irons voir. Quel pays ?

— Bien loin d'ici, dans les montagnes des Pyrénées.

— Dieu, comme tu es rouge !

— Je suis rouge, non, tu le crois, ou c'est la chaleur.

— Et depuis quel temps es-tu venue à Paris ?

— Depuis quel temps ?...... Écoutez, Octave, vous êtes mon meilleur ami, et je dois vous confier un secret qui m'a fait rougir bien des fois. Je mentais tout-à-l'heure ; je n'ai jamais connu les montagnes des Pyrénées, car je ne me souviens pas d'avoir quitté Paris depuis mon enfance ; ma mère m'avait sans doute abandonnée, et une nuit d'hiver, je fus recueillie par une dame qui demeurait sur le boulevard des Italiens, et qui me prodigua les soins les plus tendres.

J'étais heureuse, ma protectrice était riche, elle donnait des soirées, des bals où je folâtrais ; je n'avais encore que douze ans, tout le monde vantait mes yeux bleus, ma longue chevelure noire et ma peau blanche.

Mais ma protectrice perdit sa fortune qui fut remplacée par une affreuse misère ; ses amis l'oublièrent. — Oh ! ne m'oubliez jamais, Octave. — Et bientôt elle se vit obligée de vendre ses bijoux, ses parures, tout jusqu'à ma petite robe de bal.

Alors je quittai la pension où j'étais à Passy, pour entrer dans un magasin de modes. J'y ai beaucoup travaillé pour secourir celle à qui je devais tout, mais je n'ai pu y suffire; et pour ne pas mourir de faim, la pauvre femme, qui n'avait jamais travaillé, vendit son amour aux passans.....

— Que dis-tu, Camille?

— Oui, Octave, elle s'est prostituée, mais je vous assure que son cœur est resté pur; six années se sont écoulées pendant lesquelles elle est tombée d'abîme en abîme; car autrefois on la vit briller sur les boulevards, dans les grands théâtres, au lieu qu'aujourd'hui, enlaidie par le malheur et sa vie fangeuse, elle se traîne dans les quartiers les plus boueux, les plus ignobles...... dans la Cité.....

— Dans la Cité! Et la vois-tu encore?

— Très-rarement; depuis bien long-temps je n'ose plus aller chez elle, mais elle veille toujours sur sa fille adoptive; et, le croiriez-vous, Octave? dans les lettres qu'elle m'écrit, et auxquelles je réponds toujours, elle me donne les plus sages conseils.

Je l'ai longtemps suppliée de quitter sa vie infame et de venir demeurer avec moi à l'hôtel de Malte; je lui jurais que mon travail nous suffirait, mais elle m'a répondu qu'on ne pouvait arrêter la balle qui était lancée.

Je lui ai envoyé exactement le tiers, quelquefois la moitié de mon gain; je lui ai procuré des vêtemens, et tous les soirs j'ai prié Dieu pour elle, la pauvre femme!

— Tu es un ange, Camille; car tu es bonne et belle; oui, je veux être à toi, toujours à toi; je veux faire ton bonheur, je veux que ta vie soit douce et belle comme toi.

Et Octave, dans un transport d'amour, avançait sa bouche brûlante vers le front de Camille; mais il s'arrêta tout-à-coup, saisi d'effroi; car il vit dans l'obscurité, à quelques pas de lui, deux yeux qui flamboyaient.

— Vois-tu, Camille, dit-il à la jeune fille, en lui faisant signe?

— Oui! Oui, c'est ma protectrice, je cours l'embrasser, vous me le permettez, n'est-ce pas, Octave; et Camille, la fraîche et pure Camille, courut effleurer de ses lèvres encore vierges les lèvres souillées de Marie, la prostituée....... de sa mère.......

— L'embrasser! pensa amèrement Octave.

— Elle veille toujours sur moi, dit Camille en revenant, elle m'a grondée.

— Elle t'a grondée, et pourquoi?

— Parce que je reste ici si tard; il fait nuit, Octave, il faut retourner à l'hôtel.

Ils partirent; et derrière eux, et jusqu'à l'hôtel de Malte, une femme aux yeux flamboyans les suivit.

— Paul, dit Octave en entrant chez ce dernier, quel est le produit de notre dernier mélodrame?

— Cent quarante-six francs.

— Où sont-ils? Tu les as touchés?

— Pas encore.

— Eh bien, demain j'irai les demander

à madame Saqui, pour secourir une malheureuse.

— Oui, oui, repliqua Paul d'un air distrait, et tournant un couplet.

CHAPITRE VIII.

La prostitution, quand elle a pour cause les besoins les plus impérieux de la vie, la faim, est justifiée d'elle-même ; le blâme retombe sur l'état social.

Alph. *Karr.*

Elle s'est prostituée pour nourrir sa fille.

La Prostituée.

Octave avait un nouvel ami ; c'était Anatole, jeune Parisien, aimable et spirituel comme tous les Parisiens, d'un caractère un peu fou. Il avait d'abord étudié la médecine, ensuite il avait joué la comédie, et enfin il s'était consacré à la peinture.

Un soir qu'Octave, Paul et Anatole passaient dans la Cité, une fille de joie s'arrêta devant eux; elle était mise avec une certaine élégance; il y avait de la coquetterie dans sa coiffure, et ses dents étaient blanches; mais ses yeux étaient rouges, sa peau était fanée, elle était laide........

C'était Marie !

— Que nous veux-tu, fille infernale ? lui demanda Paul.

— Elle est belle, ma foi, belle à me damner, dit Anatole.

— Nous prends-tu pour des *arsouilles* du quartier?

— Voyez donc, Messieurs, quelle taille bien prise.

— Vous n'admirez pas sa peau fraîche?

— Et ses yeux enflammés, si brûlans qu'ils en sont rouges !

— Je crois qu'en lui donnant quarante ans, je ne suis pas généreux.

— Combien vas-tu de fois par an aux Capucins, ou plutôt combien restes-tu de temps sans y aller?

— Tu ris, je crois !

Elle riait en effet, la fille de joie ; mais d'un rire affreux, qui eût fait frémir Octave et ses amis dans toute autre situation.

— Suivez-moi donc, Messieurs, je donne beaucoup de plaisir pour peu de chose, dit-elle d'une voix enrouée.

Octave, qui n'avait encore rien dit, et qui contemplait avec pitié ce visage usé, ce front ridé, ces lèvres souillées tant de fois, vit passer une émotion pénible sur le visage de cette femme : tant de honte et d'infamie la torturaient !

— Suivons-la, dit-il à ses amis ; vous cherchez de la poésie, il y en a dans sa demeure.

— Il y a beaucoup de misère et de boue, dit Paul avec dédain.

— Je vous dis qu'il y a de la poésie ; et Octave s'avança avec la prostituée, ses amis le suivirent en glosant. Tous montèrent dans une chambre au troisième étage, d'assez mince apparence, mais reluisante de propreté.

Un lit blanc un peu chiffonné, une vieille commode rongée des vers étaient les seuls meubles qui garnissaient cette chambre. On voyait sur la commode quelques plumes, une écritoire, du papier et quelques livres dont l'un était ouvert; Paul lut en tête d'une page : *La Peau de Chagrin.*

Au-dessus d'une petite cheminée était une glace encadrée à l'antique, et des deux côtés de cette glace étaient suspendus deux rideaux bien blancs et assez épais pour empêcher le regard de percer à travers.

Que cachaient-ils !

Peut-être le portrait d'une vieille mère, d'un amant, d'un fils que la fille de joie voulait dérober aux yeux de ceux qui venaient se soûler d'amour avec elle.

Pourquoi ne les renfermait-elle pas ?

Parce qu'à chaque heure du jour elle levait le rideau et contemplait avec extase, avec amour, avec un bonheur indéfinissable, le portrait d'une vieille mère, d'un amant, d'un fils, peut-être.

Les filles de joie ont donc un cœur? des sentimens?

Les filles de joie sont des femmes à grandes passions, et leur dévergondage n'étouffe pas en elles l'amour filial, l'amour maternel, ni même ce bel amour qui colore la vie; il est des filles de joie qui aiment avec tout le feu des Andalouses, et peut-être Marie n'avait pas oublié Edouard......

Or, les deux rideaux avaient éveillé l'attention d'Octave, et déjà il avançait la main pour en lever un, quand Marie, qui l'aperçut, s'élança vers lui et lui donna un léger coup sur le bras; le jeune homme, étonné, regarda la prostituée, une expression céleste passait sur son visage.

— Que caches-tu donc là, ma belle enfant? lui dit Paul qui remarquait la scène.

— C'est un secret, lui répondit-elle.

— Toi! garder un secret!

— Un secret qui me ferait bien souffrir, s'il était connu.

— Et de quelles souffrances,

— Des souffrances du cœur; car mon

cœur est encore pur, Monsieur, et la honte, l'infamie qui me couvrent n'ont pu l'atteindre. Vous pensez donc que le cœur d'une prostituée est inaccessible à la douleur, aux émotions, oh ! non ; par exemple savez-vous que je souffrais comme une damnée, tout-à-l'heure quand vous m'insultiez tous ; vos sarcasmes me déchiraient le cœur, et je riais, oui, je riais de rage ; vous n'êtes pas généreux, jeunes gens, c'est mal à vous d'accabler une pauvre femme que le malheur, la faim ont plongée dans la fange, et qui vit de prostitution.......

Marie essuya deux larmes, s'assit et laissa retomber sa tête sur son sein ; ils me comprendront, au moins eux, pensait-elle.

En effet Octave et ses amis étaient émus ; ils s'enfuirent après avoir déposé chacun cinq francs sur le manteau de la cheminée.

— Quand je vous disais qu'il y avait là de la poésie, dit Octave au bas de l'escalier.

Il quitta ses amis et courut chercher Camille à son magasin.

— Je suis allé chez ta mère adoptive, lui

dit-il ; je l'ai deviné, la pauvre femme possède deux portraits que j'aurais bien voulu voir.

— Celui qui se trouve du côté de la fenêtre est le mien, répondit Camille en glissant son bras au bras d'Octave, je n'ai jamais vu l'autre.

CHAPITRE IX.

Que les hommes sont fous de raisonner sur de pareilles bagatelles.

Pensées de Fiscaro. (Notre chien)

Lénore.

—

Le lendemain, Octave entra chez Paul; c'était par une de ces belles matinées de mai, si pures et si douces, et Paul était assis sur le bord de sa fenêtre, s'amusant à culotter une pipe dont la fumée s'élevait lentement vers le ciel, comme un léger nuage aux formes fantastiques.

— Je suis enchanté de te voir, dit Paul à Octave ; viens, je vais te montrer ma distraction du matin ; vois-tu ces bonnets et ce linge étendus sur la fenêtre au-dessous ? ils appartiennent aux pratiques d'une jolie lingère ; regarde.

Paul alluma un peu d'amadou, la laissa tomber, et bientôt Octave vit une tache rousse sur un bonnet.

— Pauvre fille ! C'est mal.

— Non, elle en est enchantée, elle prétend que c'est une déclaration.

— Oh ! c'est une brûlante déclaration.

— Bon ! voilà un jeu de mots, je vais le mettre dans mon sac à idées.

— Mais que diable prétends-tu faire de toutes les pipes que tu culottes-là ?

— D'aucuns parent leur chambre avec un buste de roi, moi je pense qu'une pipe bien culottée est plus belle, plus utile, plus nationale ; est-ce que tu n'es pas républicain, toi, hem ?

— Je ne sais pas.

— Oui, tu l'es, cria Paul à Octave, en lui palpant la tête.

— C'est possible.

— Moi, j'opte pour une république qui permettrait d'avoir une douzaine de femmes sans blesser les convenances.

— Tu aimes donc les femmes, toi?

— Comme des bûches dans le mois de décembre; depuis quelques jours, je me sens épris d'une large passion. Tu connais Lénore, cette jeune actrice, si brune, si vive, si ardente, qu'on dirait que le ciel d'Italie lui a communiqué le feu de la pensée, la brûlante chaleur de ses passions.

— Eh bien! tu l'aimes donc?

— Oui, je l'aime; et quand je la vois, mon cœur d'homme bat fortement dans ma poitrine d'homme, comme le marteau sur l'enclume; l'amour qu'elle m'inspire dessèche les racines de ma vie éphémère comme le soleil dessèche une fleur.

Paul accompagna ces derniers mots d'un grand éclat de rire.

— N'est-ce pas là, continua-t-il, le style dont se servent les imitateurs?

— C'est vrai, répondit Octave d'un air rêveur; quelques hommes de génie avaient ouvert un vaste champ à leurs pensées, à leur brillante imagination, et quelques écervelés se croyant du talent, ont singé les novateurs, se sont jetés dans leur domaine; mais ils n'ont recueilli que des niaiseries, des phrases ridicules.

— Diable! tu parles sans indulgence. Pense donc qu'il est si difficile, à l'heure qu'il est, de ne pas être imitateur; rien de nouveau sous le soleil, a dit le grand roi Salomon, et certes le grand roi Salomon avait raison : fais donc un drame, un roman, un vaudeville, une chanson, sans imiter; tu rajeuniras de vieilles idées, de vieilles expressions; au lieu de dire, l'amour me dévore, tu diras : l'amour consume mon cœur. Au lieu de dire ma bergère, tu diras mon ange, ce qui revient toujours au même; et quant aux situations, crois-tu qu'elles ne sont pas épuisées?

— Les situations épuisées? es-tu fou? j'en ai dans la tête pour faire vingt romans au moins.

— Expose-m'en une.

— Voyons, celle-ci, par exemple :

« Une jeune mariée est près d'arriver à » l'autel..... » devine?

— Elle n'aime pas son époux. — C'est bien vieux. — Elle a un amant qui la poignarde. — C'est encore plus vieux.

— Non.

Elle s'empoisonne et tombe morte dans l'église.

— Non.

— Elle assassine son époux.

— Non.

— Elle devient folle et tue le prêtre qui veut l'unir à celui qu'elle n'aime pas.

— Non; elle arrive près de l'église dans une voiture brillante, avec un époux qu'elle aime, elle est heureuse, la joie rayonne sur son front; son époux, le premier, saute de la voiture, son saut épouvante les chevaux, ils s'emportent et s'éloignent comme le vent.

La mariée, pâle, tremblante, essaie en vain de retenir les guides; ses efforts et ses cris font au contraire redoubler la vitesse des chevaux, ils s'élancent dans un chemin qui borde la Seine d'un côté, une montagne à pic se trouve de l'autre côté; la jeune mariée s'évanouit; quelque temps après le grand air la rappelle à la vie : elle pousse un cri, ce cri effraie les chevaux *blanchis d'écume*, ils se jettent dans la Seine, la voiture se renverse et va s'engloutir; mais deux jeunes peupliers lui prêtent un appui, et la voiture demeure en équilibre.........
Conçois-tu la situation? Conçois-tu comme les craquemens des peupliers qui fléchissent lentement doivent briser le cœur de la pauvre fiancée qui a des attaques de nerfs?

— C'est Claude Frollo suspendu à la gouttière dans Notre-Dame-de-Paris.

— Ah diable!...... je n'y pensais plus.

— Victor Hugo a mâché et remâché le fil des situations, et c'est vraiment désespérant pour un jeune littérateur de feuilleter

Victor Hugo. — Mais j'oubliais que Lénore m'attend à deux heures chez elle.

— Comment, déjà un rendez-vous?

— Je vais aussi vite en amour que les chevaux qui emportent ta jeune mariée. Cela t'étonne, il est vrai que tu es si lent avec Camille. Quoi, depuis un mois, pas une nuit de bonheur et de volupté; oh! vraiment, c'est de l'amour à l'eau de rose.

— Camille est un ange, et je ne veux pas la souiller.

— Oh! la bonne délicatesse, — quelle heure est-il?

— Tu sais que notre montre est au mont de piété.

— Ah diable! quand la dépense excède la recette, la caisse est bientôt vide; il me faut pourtant un habit bleu à boutons jaunes, une canne et des gants, pour achever de séduire Lénore, je cours la voir.

— Attends-moi, je t'accompagne jusqu'à l'Odéon.

— Où vas-tu?

— Camille doit aller ce soir au jardin

du Luxembourg, j'y vais aller rêver en l'attendant.

— Je pense, dit Paul, en quittant Octave, qu'une belle innovation serait de commencer un roman par la fin.

CHAPITRE X.

Monsieur Smoth, ouvrez-moi la porte,
C'est du vin que je vous apporte;
C'est du Frontignan. —
     Eh! qu'importe,
Que le diable, avec lui, t'emporte,
Puisque je vais mourir. —
     Pardon. —
Il est bête comme un dindon.

 Paul. — Vaudeville. —

Où vous verrez qu'un carreau cassé est parfois fort utile.

—

Notre très-aimable et bien aimée lectrice, c'est à vous que nous nous adressons, vous qui reposez en ce moment la vue sur ces lignes que nous écrivîmes en pensant à vous, en rêvant un de vos délicieux sourires.

N'avez-vous jamais passé dans la Cité?

ce vieux quartier, si triste, qui le soir a quelque chose de sinistre, de lugubre, d'effrayant; ce vieux Paris ridé, sale, crapuleux, à la voix rauque, où les filles de joie, vieillies, enlaidies, aux habits en lambeaux, trouvent encore un refuge et viennent dignement achever une vie ignoble.

Il fait nuit noire, comme a dit monsieur Victor Hugo et quelques milliers d'imitateurs; on distingue à peine les nuages gris qui passent dans le ciel; Paris est presque silencieux; on n'entend plus dans l'éloignement que le roulement rapide de quelque voiture attardée, la voix d'un ivrogne qui chante un couplet graveleux, et l'appel monotone de la fille de joie.

Nous allons passer dans la Cité. Si malgré la peinture repoussante que nous venons de vous en faire, vous daignez avoir la bonté de nous accompagner, nous irons pour vous, notre jolie lectrice, faire un pélérinage à Notre-Dame-de-Liesse, prier Ismérie la noire de vous pardonner vos infidélités; car nous sommes convaincu que vous avez été infidèle; — la main sur la conscience, dites?

Nous vous offrons notre main. — Notre main est douce comme vos yeux noirs, — ou bleus. — D'ailleurs nous connaissons trop les convenances pour vous l'offrir sans qu'au préalable elle soit recouverte d'un gant, aussi blanc que votre peau, que nous venons d'acheter. — Ce n'est pas votre peau, — chez une jolie marchande de modes de la rue Neuve-Montmorency.

Vous acceptez notre bras, nous sommes enchanté. — C'est pour nous un bonheur ineffable de sentir le contact du bras d'une jolie femme comme vous. — Filons dans cette rue déserte et tortueuse. — Vous tremblez? Bah! nous vous reconnaissons bien, vous, faibles femmes : parce qu'il fait nuit noire, parce qu'il règne un silence effrayant, vous tremblez! Craignez-vous la rencontre d'un de ces roués bandits qui n'ont jamais que ces deux mots à jeter aux passans : — La bourse ou t'es mort. — Ne craignez rien, mon Dieu! Ne craignez rien, nous serons toujours prêt à sacrifier notre vie pour vous.

Encore quelques minutes, et nous arriverons où nous voulons vous conduire. — Pour tuer le temps, causons quelque peu. — Madame de Cranel, votre voisine, a des manies bien ridicules, n'est-ce pas? — Elle va deux fois au bal avec la même robe, et elle s'avise d'aimer son mari. — C'est d'un classique à vous faire bailler pendant une heure. Aimer son mari, oh! c'est d'une inconvenance... — Combien il y a-t-il de temps que vous êtes mariée, Madame? — un an. — Alors il y a au moins onze mois que vous n'aimez plus votre mari, — il y a près de douze mois. — A la bonne heure, vous êtes d'un naturel, Madame, d'une naïveté..... Nous pensons à une chose.... — A quoi pensez-vous, Monsieur? — Nous pensons que vous êtes belle, comme déjà nous avons eu l'honneur de vous le dire, et qu'il nous serait bien doux d'être votre amant. — Que dites-vous là, Monsieur! — Nous supposons qu'en l'absence de votre mari vous nous permettiez d'aller vous voir, que vous répondiez à nos lettres d'amour, à nos paroles d'amour, à nos.... — Mais vraiment vous êtes d'une impertinence! — C'est une supposition. — Nous voici arrivés. Voyez-vous cette vieille maison noircie par la pluie; voyez-vous cette faible lueur à travers les vitraux du troisième étage, c'est là que demeure Marie la prostituée.

Nous voulions vous conduire jusque dans sa chambre, mais les verroux sont tirés sur la porte de l'allée. Comment allons-nous faire; nous voudrions pourtant vous faire assister à une scène bien triste, bien pathétique.

Nous entrevoyons un moyen : voyez-vous cette longue échelle qu'un couvreur a renversée contre ce mur, elle va nous servir.

Ouf! la voilà dressée. Vous allez y monter, ma belle dame, et nous vous suivrons. Quoi! vous restez immobile, vous ne montez pas? Avez-vous peur de tomber? O faibles femmes que vous êtes! la crainte vous accompagne toujours. Bah! étouffez un reste de frayeur, et posez votre petit pied sur le premier bougeon, nous vous en supplions, allons ; vous restez sourde à nos prières. — Ah ! ne serait-ce pas une sotte pudeur qui vous retiendrait ? C'est folie de votre part, puisqu'il fait nuit noire. Vous êtes un enfant ! Eh bien, nous allons monter le premier, suivez-nous, alors. — L'échelle tremble, dites-vous ; ne craignez rien, elle est solide comme le trône de Louis-Philippe. Bien ! nous sommes content de vous, vous grimpez aussi bien que nous ; enfin nous voilà arrivés vis-à-vis de la fenêtre ; arrêtons là, et jetons d'abord un regard dans la chambre de Marie.

Voyez-vous qu'elle est pâle, la prostituée ; voyez-vous, ses yeux sont pleins de larmes, de larmes amères ; est-ce un sourire ou quelque chose de hideux qui passe parfois sur sa figure flétrie. Elle se promène lentement ; son geste est convulsif, et à chaque instant son regard désenchanté tombe sur un monceau de charbon allumé......

Marie va s'asphyxier.

— Vous vous plaignez que nos bottes éperonnées* vous gênent, vous font mal, nous nous en étions douté; mais puisque vous avez refusé de passer la première, tant pis pour vous. Chut! Marie parle; écoutez, sa voix est creuse et saccadée :

« Oui, je vais mourir, la vie est lourde
» comme du plomb, quand la honte et l'in-
» famie vous couvrent de leurs manteaux,
» quand on a vendu ce que Dieu donne de
» plus beau, quand le dégoût vient se mêler
» à vos rêves, à vos pensées, quand la beauté
» s'est effacée sous les rides et sous les
» souillures.

» Oh! ma Camille, oui je vais mourir,
» et tu n'es pas là pour recevoir le dernier
» baiser, le dernier soupir d'une mère qui
» te bénit, et que tu n'as jamais appelée ta
» mère! »

Entendez-vous les gémissemens de Marie, elle embrasse le portrait de sa fille, le presse sur son cœur.

---

* Nous disons *nos bottes éperonnées*, c'est par amour-propre.

« Oui la mort! la mort! Mon dernier
» rêve est brisé, mon dernier espoir est
» anéanti. J'ai vu l'infame hier encore; il
» m'a repoussée; il m'a injuriée en feignant
» de ne pas me connaître. »

Voyez-vous, Marie lève le rideau qui est
à droite de la cheminée, et lance un regard
effrayant au portrait qu'il cache; ce portrait,
c'est celui d'Edouard d'Ermon.

Puis, la pauvre femme s'en va chancelante s'asseoir près d'une petite table; elle
prend une plume, du papier, elle écrit :

Deux lettres! La première est pour Camille, la seconde est pour Edouard.

Puis elle se promène encore, s'approche
du charbon et s'écrie : je ne mourrai donc
pas!

La pauvre femme ne se souvient pas qu'il
y a trois jours, elle a cassé un carreau qui
doit la sauver.

Elle se rappelle enfin cela, ciel! elle s'a-
vança pour fermer l'ouverture, mais elle
s'arrête tout-à-coup : — « Dieu l'a voulu,
s'écrie-t-elle, je vivrai pour Camille.

Puis elle tombe à genoux, et prie Dieu, la pauvre femme! Mais demain elle vendra encore l'amour......

CHAPITRE XI.

> Rien de plus insipide que notre société, puisqu'on y voit mourir de faim des hommes de *génie.*
>
> *Paul. — Méditations. —*

Un déjeuner d'Artistes.

Ce jour-là, Octave lisait les Feuilles d'Automne, quand Paul entra dans sa chambre.

— Ah ça j'ai une faim canine, dit Paul à Octave.

— Ah! fit Octave d'un air insouciant.

— Le restaurateur de la rue de La Harpe ne fait plus crédit.

— Ah!

— J'ai vu mes deux sœurs hier dans l'église Notre-Dame; je leur ai exposé ma situation, elles m'ont plaint, mais elles ne m'ont point donné d'argent.

— Ah!

— Ah! ah! ah! Tu n'as donc pas faim, toi?

— Je n'y pensais pas; Octave retourna le feuillet et continua de lire.

— Tu n'as donc plus rien à porter à Notre-Dame-de-Bon-Secours,

— Non, puisqu'hier j'ai déposé la bague de Camille.

— Et tu en as tiré?....

— Trois francs.

— Où sont-ils?

— J'ai fait l'aumône avec.

— Es-tu bête, donc!

— Ma foi! c'était pour cette vieille femme qui se meurt de faim là-haut.

— Tu as bien fait ; mais comment diable nous tirerons-nous de là.

— Hem ? Octave lisait toujours.

— Voilà trois fois que le marchand d'habits vient ici ; nous lui avons tout vendu, tout, jusqu'à nos jolis manteaux à collets rouges, qui cachaient avec tant de bonheur nos habits secs et rapés..... Si je vendais ton chapeau, nous sortirions l'un après l'autre ; mais ton chapeau n'en vaut pas la peine. Où diable vas-tu faire l'aumône ?

— Elle se mourait de faim.

— Elle aurait bien attendu que nous fussions plus riches. — Que lis-tu là ?

— Les Feuilles d'Automne.

— Les Feuilles d'Automne ! Nous sommes sauvés, je cours les vendre au bouquiniste.

— Non, non, je m'y oppose fortement.

— Laisse donc, Paul arracha le livre des mains d'Octave, et s'élança vers l'escalier de l'hôtel.

Octave resta stupéfait : s'il m'avait laissé tout lire, dit-il tristement, j'aurais moins de regrets.

Il alla vers la fenêtre pour voir si Paul sortait de l'hôtel ; Paul allait déjà disparaître dans la rue Saint-Jacques ; une jeune fille l'arrêta, c'était Camille.

— Où courez-vous donc ainsi, monsieur Paul ? lui dit-elle.

— Je cours vendre ce livre.

— Vendre les Feuilles d'Automne ! Vous êtes un vandale, monsieur Paul.

— Achetez-moi les donc, mademoiselle Camille ?

— Rentrons à l'hôtel.

Camille savait que Paul était l'intime ami d'Octave ; elle entrevoyait la misère qui les attendait, et elle saisissait l'occasion de leur offrir un faible secours sans les faire rougir.

Octave était fort étonné de voir Paul, joyeux, rentrer à l'hôtel avec Camille ; il en cherchait encore la cause, quand Paul lui cria en lui frappant sur l'épaule :

— Je viens de faire la plus brillante convention du monde.

— Comment ?

— J'ai vendu les Feuilles d'Automne à

Camille, et Camille nous les prêtera quand nous voudrons.

— Et tu les lui as vendues?....

— Cinq francs. Maintenant vivons d'économie.

Pauvre Camille, pensait Octave, elle aura deviné.....

— Entends-tu, Octave, vivons d'économie.

— Eh bien, vivons d'économie.

— Nous n'irons plus chez le restaurateur avant d'avoir vendu quelques vaudevilles : il faut en faire un pour demain.

— Oui, un sujet, vite!

— Avant tout, il faut déjeuner.

— C'est vrai.

— Attends donc, une idée! Achetons du pain bis; à trois sous la livre, quatre livres, par exemple, douze sous.

— L'idée est excellente!

— Meilleure que le pain bis; nous disons donc douze sous; nous achetons en outre une bouteille de vin de quinze sous,

— Voilà déjà vingt-sept sous.

— Ensuite, on ne peut pas, décemment, manger du pain sec, du pain bis surtout; on vend près d'ici des petits pâtés à douze sous,

— Ce qui fera trente-neuf sous; ajoutant à cela six sous pour la portière qui va faire ces provisions, nous aurons quarante-cinq sous de déboursés.

— Diable !

— Et pour chacun soixante-quinze centimes, nous déjeunons à merveille chez le restaurateur de la rue de La Harpe, depuis que la caisse commune ne nous permet plus d'aller au Palais-Royal.

— Un instant, mon cher ami; nous ne mangerons pas quatre livres de pain aujourd'hui.

— Ma foi, tu parais si affamé.

— Enfin, essayons toujours; et Paul courut donner des ordres à la portière.

Quelque temps après, la portière revint avec lui chez Octave.

— Ce maudit marchand de vin, s'écria Paul d'un air mécontent, qui nous compte quinze sous pour le vin et cinq sous pour la bouteille.

— C'est un homme prévoyant; nous pouvons casser la bouteille, et alors quelles sont ses garanties; il sait peut-être aussi qu'en fait de meuble, la possession vaut titre. — Art. 2279 du code civil. —

— C'est horrible! cinquante sous pour un déjeuner, quand nous sommes si pauvres!

— Sans compter les dépenses imprévues.

— Comment, les dépenses imprévues?

— Par exemple, tu as vendu dernièrement les deux beaux verres en cristal qu'on t'avait donnés, comment boirons-nous, aujourd'hui?

— Ah diable!

— Et un couteau, tu n'en as pas?

— C'est vrai; mais madame Duburcq nous prêtera ces objets-là, n'est-ce pas, madame Duburcq;

— Je puis vous prêter un couteau, Messieurs, répondit la portière; quant aux verres, je serai obligée de les emprunter, j'y cours.

Madame Duburcq revint au même instant, déposa sur la commode d'Octave deux verres, un couteau, et sortit.

Paul avait déjà retourné vingt fois le pain.

— Voyons, coupons-le par moitié, dit-il à Octave.

Octave s'approcha, Paul prit un petit morceau de craie, et traça une ligne droite sur le pain avec la tranquillité d'un géomètre.

— Les parts sont inégales, dit Octave.

Paul effaça la raie et recommença.

— Encore pis, continua Octave.

— Es-tu fou, donc?

— Je ne suis pas fou, et je te répète que les parts sont inégales.

— Eh bien! essaie toi-même.

Octave effaça de nouveau la raie, et en traça une troisième.

— Tu partages donc par tiers, lui dit Paul avec l'accent ironique d'un homme dont l'amour-propre est froissé.

Octave avait contrarié Paul par plaisanterie; mais ce que Paul venait de dire l'avait blessé, et il lui répondit :

— Non, je ne partage pas par tiers; je partage par moitié, et je suis juste.

— Jamais!

— Eh! mon Dieu si!

— Eh bien! coupe en deux.

Octave coupa.

— Maintenant, continua Paul, je prends cette part-ci.

— Un instant!

— Puisque tu trouves que les parts sont égales......

— Oui, mais il me semble que j'ai comme toi le droit de choisir.

— Ce sont de mauvaises chicanes; j'ai eu la peine de vendre les Feuilles d'Automne et je choisis.

— Je veux choisir.

— Tu m'ennuies!

— Je choisirai.

— Tu ne choisiras pas!

— Je te dis que je choisirai.

— Je te dis que tu ne choisiras pas!

— Eh bien! prends, emporte tout.

— Psssst! si c'est parce que c'est toi qui possédais les Feuilles d'Automne, va-t-en bouillir avec elles.

Et Paul, qui tenait une part du pain, la lança vers la bouteille; elle sauta en éclats, et renversa les deux verres qui furent brisés.

— Voilà de ces dépenses imprévues dont je t'avais parlé, dit Octave d'un air tranquille.

Paul sortit en faisant claquer la porte de la chambre d'Octave.

Est-il susceptible, dit ce dernier en jetant un regard de pitié sur les débris du déjeuner.

CHAPITRE XII.

J'aime mieux être chien que poète.

Pensée de Fiscaro.

Un triste jour.

—

Paul sortit dans Paris, parcourut les passages, les boulevards, alla chez ses amis, et revint le soir en répétant tout bas : avoir du génie et ne pas avoir de pain ! — Paul avait un peu d'amour-propre. —

Octave aussi était sorti ; après avoir passé

et repassé vingt fois devant le magasin où travaillait Camille, sans la voir, il courut s'enfermer dans une bibliothèque, c'était dans la bibliothèque du Panthéon, belle et triste bibliothèque, où, depuis dix heures du matin jusqu'à trois heures de l'après-midi, on voit une trentaine d'hommes à figures pâles, encore couverts pour la plupart du poudreux manteau des classiques, et qui viennent là en habiles plagiaires éplucher quelque vieil ouvrage qu'ils vont vendre le lendemain à tant la ligne; c'est-à-dire, pour peu de chose.

Jusqu'alors Octave n'avait été qu'au cabinet littéraire, il avait vu des hommes de lettres mis avec goût; et là c'étaient des compilateurs habillés d'une manière vieille et sèche; au cabinet littéraire, c'étaient des visages frais et rieurs, là des visages usés à trente ans, un œil terne affaibli par les recherches, par la lecture des manuscrits.

Un jeune homme aux joues creuses, au front pensif, fixa l'attention d'Octave, qui se plaça près de lui; le jeune homme feuilletait un manuscrit, et de temps en temps il écrivait quelques lignes.

— Votre travail paraît mériter beaucoup d'attention, lui dit Octave?

— Oui, Monsieur, lui répondit le jeune homme avec un léger sourire, ce sont des recherches sur l'architecture du moyen âge; depuis deux mois, je me casse la tête ici.

— Ces recherches vous sont utiles?

— Elles le sont à quelqu'un.

— A un architecte, sans doute?

— A un homme de lettres.

— A un homme de lettres?

— Oui, Monsieur.

Octave pensa avec raison que ces hommes amaigris, poudreux comme les vieux livres qu'ils tenaient toujours, étaient fort utiles à quelques-uns de ces jeunes gens aux visages frais et rieurs qui nous ont parlé du moyen âge, nous en ont donné la couleur locale sans même y penser. Il quitta la bibliothèque du Panthéon, en jetant un regard désenchanté sur tous ces valets littéraires qui salissent la plus belle profession du monde.

Il s'avança vers le jardin du Luxembourg, pensant que la vie littéraire est bien pâle parfois, et alla s'asseoir près de la statue au bras brisé, à l'endroit même où déjà il s'était assis bien des fois avec Camille; là des idées plus riantes, plus douces, lui passèrent par la tête. Il rêva encore l'amour avec tous ses prestiges; il rêva Camille dans ses bras, Camille sur son cœur; il rêva un doux regard, un serrement de main, et la nuit le surprit en brisant son rêve.

Il se promena et arriva sans y penser près du théâtre du Luxembourg, où il avait ses entrées; il s'y rendit plutôt par habitude que par désir. On donnait ce soir-là, pour la seconde représentation, un mélodrame en trois actes qu'il avait fait avec Paul; son voisin de droite, qu'un mal de tête rendait de mauvaise humeur, siffla le plus beau passage, la scène la plus pathétique; Octave pensa pour la seconde fois que la vie littéraire est souvent bien pâle.

— Pourquoi sifflez-vous? dit-il d'un air impatienté à son voisin de droite.

— Parce que je m'ennuie, répondit ce dernier.

C'est un droit qu'à la porte on achète en entrant.

Ajouta le voisin de gauche, enchanté de faire une citation.

— Est-ce là une raison? repliqua Octave.

— Oui, c'en est une pour moi.

— Et vous ne savez donc pas que votre sifflet va droit au cœur du jeune artiste qui a long-temps veillé pour vous plaire; c'est mal, vraiment.

— Si c'est mal, j'en suis fâché; mais c'est mon plaisir de siffler.

Octave prit son chapeau et partit. Arrivé dans sa chambre, à la vue de la bouteille, des verres brisés; à la vue de son portemanteau dégarni, il pensa pour la troisième fois que la vie littéraire est souvent bien pâle.

Et trois fois il avait pensé cela; parce qu'il n'avait plus d'ami, parce que Paul, le joyeux Paul n'était plus là pour remplir l'isolement qui l'environnait.

— Que s'il vous arrive d'être littérateur et d'avoir un ami, ne vous avisez pas de lui chercher querelle pour une once de pain bis. —

CHAPITRE XIII.

Nous aimons mieux une pervenche qu'un conseil de notre père, et nous aimons mieux cinq cents francs qu'une pervenche, fût-elle la plus jolie du monde.

Paul. — Méditations. —

Les deux Fous.

—

Octave se coucha; et comme à l'ordinaire, il voulut lire avant de s'endormir, mais il ne lui restait plus un livre; il alluma sa veilleuse et essaya de rêver encore comme sous les arbres du Luxembourg. Déjà son âme errait dans le monde idéal et s'énivrait d'amour et de poésie, quand Paul sortit de sa chambre et se promena le long du corridor de l'hôtel en chantant :

> Les gueux, les gueux
> Sont des gens heureux,
> Ils s'aiment entr'eux.
> Vivent les gueux !

Il chanta vingt fois ce refrain assez haut pour empêcher ses voisins de dormir.

Paul se mourait encore de faim ; il ne pouvait s'endormir, et il trouvait fort mauvais qu'on dormît pendant qu'il veillait. Après une heure de promenade le long du corridor, il ouvrit la porte de la chambre d'Anatole et entra ; le jeune peintre fit semblant de dormir pour se soustraire aux demandes de Paul et pour éviter des réponses ; car il est bon de vous apprendre que quelques jours avant cela, Paul avait passé la nuit entière près du lit d'Anatole, et l'avait ennuyé du récit de ses amours avec les négresses.

Paul, après avoir essayé d'éveiller Anatole,

prit sa lumière et alla feuilleter plusieurs livres qui se trouvaient au fond de sa chambre, pêle-mêle sur une table ronde.

— Cherchez-vous les fables de La Fontaine ou les chansons de Béranger? lui dit enfin Anatole impatienté.

— Non, je cherche le moyen de manger, répondit Paul en se rapprochant d'Anatole.

— Comment, les moyens de manger?

— Oui, de manger, je meurs de faim, j'ai *oublié* d'aller dîner aujourd'hui.

— Bah! et vous cherchez ce moyen-là dans un livre?

— Je le cherche partout : vous n'avez rien ici?

— Oh! mon Dieu non, rien.

— Alors, je vous laisse dormir en paix.

— Bonsoir!

— Bonsoir! Et Paul en sortant se mit encore à chanter :

> Les gueux, les gueux
> Sont des gens heureux,
> Ils s'aiment entr'eux.
> Vivent les gueux !

Puis il alla en silence à la porte d'Octave, l'ouvrit doucement et jeta un regard sur le lit.

— Bon ! se dit-il, je crois qu'il dort, et il s'avança d'un pas léger vers la commode où il voyait encore un restant de pâté; il s'en empara, et s'éloigna à la hâte.

Octave en bondissait de joie dans son lit; *ils s'aiment entr'eux,* répéta-t-il en se frottant les mains, et il s'endormit d'un sommeil tranquille.

Quand il s'éveilla, les rayons du soleil glissaient à travers les vitraux de sa chambre et frappaient sur son lit; il s'habilla et courut à la chambre de Paul s'avouer l'auteur de la scène de la veille. Paul ne s'était pas couché; il avait beaucoup travaillé, et quand Octave entra, il paraissait très-préoccupé.

— Te faut-il une rime, lui dit Octave en essayant un sourire.

— Ah ! c'est toi. Tiens, j'ai fait un vaudeville depuis hier. Paul tendit sa main, Octave la serra.

— Tu n'étais donc pas fâché?

— Sur le moment, un peu; mais l'orage s'est dissipé; et puis nous avons bien le temps de penser à cela; tiens, vois donc mon vaudeville.

— Oh mon Dieu! *l'Amant Sarde*.

— Que dis-tu du titre?

— Il n'a rien de bien original.

— Quoi! tu ne devines pas que c'est une manière honnête de surprendre le public....

— Comment?

— Parbleu! on mettra sur l'affiche, *l'Amant Sarde*, tandis que le vrai titre est: *la Mansarde*.

— Oh! délicieux!

— N'est-ce pas?

— Oui, parole d'honneur!

La portière entra alors et présenta une lettre à Octave; le jeune homme s'empressa de l'ouvrir.

— Une lettre de ma mère, s'écria-t-il avec joie?

— De ta mère, lui dit Paul, que t'écrit-elle?

— Attends donc...... Oh ! un bon de cinq cents francs à toucher à la poste.

— Cinq cents francs ! oh ! la bonne mère, vite une lettre à votre mère, monsieur Octave, sur une belle feuille de papier Weynen, une lettre soumise et respectueuse, une lettre de remercîmens; mais suis-je fou, je te dis d'écrire à ta mère, et tu ignores son adresse. Je t'avais bien dit qu'on ne mourait pas de faim. Cinq cents francs ! Nous allons nous lancer dans les grands théâtres, nous allons faire des romans, nous allons dîner à table d'hôte. Madame Duburcq, courez donc dire au tailleur de monter, nous sommes riches, maintenant, et nous le paierons bien; non, non, restez, madame Duburcq, nous irons choisir des habits au Palais-Royal. Cinq cents francs ! Cinq cents francs ! Oh que la vie d'artiste est belle ! Que dit donc ta mère, ta brave et digne mère, Octave ?

— Elle va faire un voyage en Espagne, sa patrie.

— Ta mère est Espagnole ?

— Je ne te l'avais donc pas encore dit?
— Mais non.
— Oui, elle est née en Andalousie.
— Bah! Quelle ville?
— Malaga.

— C'est dommage que ce ne soit pas à Cordoue ou à Séville.

— Pourquoi?

— C'eût été plus poétique, plus beau pour toi. Tu ne vas pas avec elle?

— Elle désire que j'aille la trouver dans deux mois à Malaga; c'est pour les frais de ce voyage qu'elle m'envoie cinq cents francs.

— Nous irons ensemble. Oh! la jolie occasion pour moi, qui avais oublié de parcourir l'Espagne. Je suis certain qu'Anatole voudra nous accompagner pour embellir son album de quelques sites andaloux. — Quoi! tu ne parais pas enchanté de ce voyage? Quoi! pour la première fois de ta vie tu vas voir ta mère, et tu ne bondis pas de joie?

— Camille......

— Camille! Camille! Tu es un pauvre fou, vraiment! Cette petite grisette te fera perdre la tête.

— Je t'ai déjà dit que ce mot grisette avait une harmonie discordante à mes oreilles.

Eh bien! modiste, c'est synonyme. — Ah! dis-moi donc, donnons un bal ce soir.

— Oui, oui, l'heureuse idée! Qui invitons-nous?

— Camille, Lénore, quelques actrices, quelques grisettes, Anatole, Francis et quelques étudians.

— Mais je pense que ma chambre est trop petite pour danser, et la tienne n'est pas plus grande.

— Eh bien! donnons une soirée; on chantera, on s'amusera, dût-on jouer au *pigeon vole;* nous aurons du punch, des pâtisseries, des glaces, des sorbets. Je cours acheter des habits et faire tout préparer.

— Il faut avant tout toucher les cinq cents francs.

— C'est vrai, eh bien! j'y vais.

— Attends-moi.

Et les deux fous coururent vers la rue Jean-Jacques-Rousseau.

— J'ai failli me jeter hier dans la Seine, dit Paul en passant sur le petit pont.

— Et aujourd'hui ? demanda Octave.

— Et aujourd'hui, je suis dans un fleuve de joie !

— En effet, notre vie vient de se colorer d'une teinte bien rose.

— Sais-tu que depuis près d'un mois, grâce à quelques nuits d'orgie, nous étions de pauvres fous, et je crois que la faim arrête la marche du *génie*.

— Oui, et quand l'estomac est creux, l'imagination a bien froid.

— La tienne a conservé sa chaleur; car tu la nourrissais d'amour; quant à la mienne, il lui faut la fumée du punch. Maintenant que nous sommes riches, je veux, dès ce soir.....

Et comme Paul gesticulait en disant ces mots, sa main gauche frappa sur le sein d'une femme qui passait près de lui.

C'était Marie.... Elle reconnut les jeunes gens et s'enfuit.

Cette apparition de la prostituée avait ému Octave; il devint pensif, et n'écouta plus ce que disait Paul.

Et quand ils se présentèrent tous deux au bureau de la poste et qu'on leur demanda le bon, ils s'aperçurent qu'ils l'avaient oublié.

CHAPITRE XIV.

Les esprits médiocres n'ont pas de destinée.
Platon.

Il y a des gens destinés à être sots.
Larochefoucauld.

Vivre par imitation est un état servile.
Hilbernard.

Saint-Faust.

Le soir même, Octave et Paul donnaient une soirée délicieuse. Ce n'était pas le salon brillant de la noble comtesse du faubourg Saint-Germain, c'était une chambre d'artiste, sans ottomane moelleuse, sans fauteuil à la soyeuse couverture. Ce n'était pas la conversation maniérée du grand monde, c'était une douce causerie pleine de simplesse et d'abandon.

Camille et Lénore chantèrent quelques romances, et chacun admira leurs voix douces, pures et pleines d'harmonie.

Saint-Faust était de la soirée; car Saint-Faust se trouvait partout. Sa mise était ridicule et prétentieuse; le nœud de sa cravate, ses gants de soie rouge et sa touffe de cheveux qui lui cachait l'oreille droite, lui donnaient l'air d'une caricature.

On le pria de jouer quelques morceaux de Robert le Diable; il y consentit, et prouva qu'il connaissait l'exécution, mais qu'il n'y mettait pas d'âme, pas une miette.

Il s'attendait aux applaudissemens des jeunes gens; aux complimens des jeunes filles, quand une voix distincte, une voix qu'il crut reconnaître, prononça ces mots foudroyans pour lui :

Saint-Faust joue comme une *serinette*.

Il cacha son dépit en affectant un air

distrait, et s'approcha d'une jeune modiste qui l'admirait de bonne foi.

Je ne primerai donc pas aujourd'hui, pensait-il avec amertume.

— J'aime beaucoup à vous entendre jouer, lui dit la jeune modiste.

— Ce n'était donc pas la première fois aujourd'hui ?

— Non, vous souvenez-vous du bal des étudians, où vous étiez si aimable, si fou ?

— Je crois un souvenir, en effet.....

— Ce soir-là vous nous avez tant amusées !

— Quand il m'en prend la fantaisie, je suis l'âme d'un salon.

Saint-Faust disait cela d'un air à persuader les plus incrédules ; son orgueil, son amour-propre effaçaient déjà la tache qu'on venait de faire à sa prétendue réputation, quand Paul, le premier, vint lui dire bas à l'oreille :

— On dit que toutes les femmes sont folles de vous.

— Quand il me prend la fantaisie d'être

aimable, répondit Saint-Faust d'un air tranquille.

Paul retourna, en riant aux éclats vers ses amis, qui tous étaient convenus de mystifier Saint-Faust; il y avait trop longtemps qu'il les ennuyait de ses conquêtes imaginaires, de ses bonnes fortunes imaginaires, de ses rendez-vous imaginaires, il fallait le mystifier à tout prix.

Anatole alla un instant après lui dire un peu plus haut :

On dit que toutes les femmes sont folles de vous.

Saint-Faust regarda Anatole d'un air assez bête et ne répondit rien; de nouveaux éclats de rire partirent de l'endroit où les jeunes gens s'étaient rassemblés, toutes les jeunes filles voulurent en savoir la cause. C'était là où Paul et ses amis voulaient en venir. Au même instant Octave s'avança vers Saint-Faust, et lui dit à haute voix :

On dit que toutes les femmes sont folles de vous.

Saint-Faust devint rouge de colère et

s'enfuit sans dire un seul mot. On lança contre lui un millier de sarcasmes et d'épigrammes. Ce même soir, sa réputation d'homme à bonnes fortunes fut brisée comme une tasse de porcelaine qui tombe sur une dalle de marbre.

— Seriez-vous fâchées du départ de Saint-Faust, Mesdemoiselles? dit Paul en offrant du punch et des gâteaux.

— Non, vraiment non, il est si fat, si sot!

— Saint-Faust, c'est un mauvais garnement.

— Saint-Faust, c'est un sot imitateur.

— Saint-Faust, il m'a pris ce que j'avais d'original; ne reconnaissez-vous pas en lui ma tournure, mes gestes : c'est un voleur.

— Saint-Faust, c'est la copie ridicule de tout ce que les fashionables, les dandys qui vont se faire *admirer* le soir dans les passages, ont de plus ridicule.

— Il ressemble assez à certains journaux de province qui ne sont que les pâles reflets des journaux de Paris.

— Oui, il m'a volé mes opinions politiques; il est républicain, parce que je suis républicain.

— Il est saint-simonien, parce que je suis saint-simonien.

— Il m'a volé mes opinions littéraires.

— Il est romantique, parce que je suis romantique.

— Depuis que je lui ai parlé de Lamartine, il parle toujours de Lamartine.

— Je vous dis, il ressemble à certains journaux de province.

— Il existe une différence, la voici :

Les journaux de province n'oublient pas d'indiquer les journaux de Paris auxquels ils prennent des articles; mais Saint-Faust, c'est un voleur déloyal, puisqu'il ne dit pas l'habit de M...... a servi de modèle au mien, ma manière d'arranger mes cheveux est imitée de M......, j'ai des gants rouges, car M...... en avait hier.

— Dans ses conversations surtout, il devrait dire : j'ai pris ces idées, ces phrases à tel ou tel.

— Mais, Messieurs, nous sommes trop bons de nous occuper de lui, nous allons lui donner une célébrité qu'il n'a pas.

— C'est vrai! il ne mérite que l'oubli.

— Buvons, buvons, oublions-le!

— Maintenant, je réclame votre silence, j'ai une *fantaisie* à vous lire.

C'était Octave qui parlait. Il se fit un religieux silence.

Heureux d'être écouté, il lit d'une voix bien accentuée :

CHAPITRE XV.

............Languissante elle tombe,
Et son corps délicat sera privé de tombe.

Dans la Tourelle.

—

I.

Ce soir-là, la lune brillait au ciel, et ses reflets éclairaient les pas d'une jeune fille.

Elle gravissait une montagne; quand elle arriva au sommet, elle s'assit et tomba dans cette espèce d'abattement qui suit une contre-danse ou une walse, et qui fait haleter......

C'était Adéline.

Oh! comme elle était belle alors; comme la fièvre de l'amour faisait battre son sein!

II.

Il ne vient pas, dit-elle d'une voix expressive; et elle allait descendre, quand elle se sentit arrêtée par la robe.

Alfred!

On ne répondit pas.

— Ce n'est pas lui! s'écria la jeune fille, et elle voulut fuir.

— « Jeune fille, ne craignez rien, je suis » le serviteur de Dieu et de l'humanité. » Puis les bras d'un moine ignoble s'enlacèrent comme deux serpens autour du corps frêle et délicat d'Adéline.

Elle croyait qu'un affreux cauchemar lui pesait sur le cœur, ses nerfs se crispaient....

Pitié! pitié! s'écriait-elle.

Alors un nuage noirâtre passa sur la lune.

III.

Le château de……. est aussi vieux que la France; c'est une inscription que les temps n'ont point effacée, une vieille femme habillée à la moderne, et qui conserve encore quelque chose de sa jeunesse.

Dans une des tourelles flanquées sur le bord d'une montagne sourcilleuse et dont l'entrée est inconnue, une jeune fille aux yeux bleus, riche de jeunesse et de beauté, pauvre de bonheur et d'avenir, s'abandonnait au désespoir.

C'était Adéline. Francisco, le moine, l'avait entraînée mourante dans ce repaire...

IV.

Quand un jour blafard pénétra dans sa prison, elle frémit; un frisson glacial parcourut tout son être; elle avait vu toute l'horreur d'icelle.

Elle avait vu les murs recouverts d'une mousse verdâtre.

Puis elle avait vu du sang ! et son Alfred n'était pas là.

Un rêve d'amour lui passa par la tête, et elle sourit amèrement.

v.

Une trappe s'ouvrit, et le moine impur parut aux yeux d'Adéline.

Elle avait froid au cœur.

Francisco apportait de la paille ; il l'étendit froidement dans un coin de la tourelle, et se retira en disant à la jeune fille : « Voilà » notre lit nuptial. »

Sa voix horrible attaquait les nerfs d'Adéline ; elle retomba dans des convulsions, elle étouffait de rage......

vi.

Adéline s'était assoupie, et un songe affreux lui fit voir ces mots écrits sur les murs de la tourelle : « Ici, toujours du » sang ; du sang dans la vie, du sang dans » l'amour, du sang dans la mort ! »

Et quand elle s'éveilla, il était là, debout

devant elle ; un sourire infernal contractait sa bouche ; il lançait à Adéline les regards de la louve qui va s'élancer sur sa proie.

VII.

Adéline, dont la voix est si douce au cœur, poussait des cris perçans ; elle priait, elle suppliait, Francisco l'impur restait impassible.

Adéline le repoussait comme un tableau dégoûtant.

Il faisait nuit, et la clarté pâle et vacillante d'une lampe éclairait cette scène tout à-la-fois horrible et touchante.

La trappe était restée ouverte ; Adéline saisit l'instant où le moine était sur le bord, et le poussa violemment.

Il tomba comme une masse immonde, et Adéline referma la trappe.

Puis, comme elle était forte de colère et de vengeance, elle y roula d'énormes pierres qui se trouvaient dans un coin de la tourelle,

Et elle tomba épuisée et s'endormit.

VIII.

Le lendemain elle avait faim......

Mais quand Francisco vint lui apporter de la nourriture, elle ne répondit pas; le moine essaya long-temps d'ouvrir la trappe; il s'en alla en rugissant, et la bave du crapaud découlait de sa bouche.

— « Malheur à elle, s'écria-t-il; elle me
» repousse, eh bien! elle mourra de faim... »

IX.

Le lendemain, les cloches de l'abbaye sonnèrent une messe, et Adéline s'écria douloureusement : « On ne sonnera pas pour
» moi..... J'aurai pour bière une tourelle,
» et pour linceul ma robe de rendez-vous.
» Oh! mon Alfred..... »

Et mille pensées agitaient la jeune vierge.....

« Je mourrai sans le voir, je suis bien
» malheureuse! mais ma dernière pensée et
» mon dernier soupir seront pour lui. »

Puis un sourire de bonheur passa sur sa bouche décolorée.

X.

Le moine était mort; la main de Dieu l'avait frappé, et c'était pour lui qu'Adéline avait entendu sonner une lesse.

On fit sur sa tombe l'éloge de ses vertus; mais Adéline avait écrit sur les murs de la tourelle, ses crimes en lettres de sang.....

XI.

Deux ans après, l'orage populaire gronda sur la France, et la révolution éclata.

Quand on démolit la tourelle, on trouva un corps décharné dont les mâchoires s'étaient horriblement contractées.

Car Adéline avait voulu manger son sein !!!....

Et tout cela, parce qu'elle avait été au rendez-vous.

CHAPITRE XVI.

Non......

— *Une jeune fille.* —

Dans l'alcôve.

—

Octave reçut plus d'éloges que sa *fantaisie* n'en méritait. On applaudissait plutôt un ami qu'un auteur, tout le monde aimait Octave; car Octave était bien le jeune homme le plus aimable qui fût au monde.

Vers deux heures du matin, la folle et joyeuse réunion se dispersa.

Paul guettait le départ de Lénore. — Paul avait des projets. — Elle venait de mettre son schal et son chapeau, quand il la prit à part.

— J'ai un secret à vous confier, lui dit-il en lui prenant la main.

— Quel secret?

— Avancez; il entraînait Lénore dans sa chambre. Son secret fut si long à dire, que la jeune actrice y resta jusqu'au lendemain.

Octave, resté seul, après avoir conduit Camille jusqu'à l'escalier seulement, après lui avoir serré la main, appelle Paul qui ne répond pas, il appelle de nouveau. Cette fois, Paul, impatienté, lui crie :

— Laisse-moi tranquille, fais comme moi...... dors.

Octave croit deviner...... et se frappe le front. Suis-je bête! moi, se dit-il avec dépit, je n'ose pas seulement embrasser Camille. Voyons! j'ai bu du punch, aujourd'hui : de la hardiesse, pas d'enfantillage ; il faut que je la voie, il faut que je m'énivre d'amour avec elle. Bah! je suis trop candide; il faut vaincre ma timidité. Allons, allons; — Dussé-je briser la porte de sa chambre, il faut que j'y entre.

Et le cœur palpitant, les genoux s'entrechoquant tant ils tremblaient, il s'élança rapidement vers la chambre de Camille, pour s'étourdir et braver un reste de pudeur qui l'arrêtait; il allait arriver à la porte, quand son tremblement fut si violent, les battemens de son cœur si précipités, qu'il s'arrêta tout-à-coup, resta un instant immobile, et remonta à sa chambre. Là, il respira plus à l'aise et but un grand verre d'eau pour calmer son agitation.

Il se promena dans sa chambre pendant une demi-heure, rougissant de lui-même, écoutant avec anxiété le bruit voluptueux qui se faisait dans la chambre de Paul, et n'osant former une seconde résolution.

Enfin cette seconde résolution est prise. C'est décidé, rien ne l'arrêtera plus; dût-il franchir un abîme, il l'accomplira, il retournera vers la chambre de Camille, il lui parlera, la pressera contre son cœur, déposera un baiser brûlant sur ses beaux yeux, sur ses joues rosées.......

La porte de la chambre de Camille était restée entr'ouverte.

Octave arriva sur le seuil, s'arrêta un instant, et s'avança jusqu'au milieu de la chambre, en faisant le moins de bruit qu'il put; son premier regard plongea vers l'alcôve qui était faiblement éclairée par la lumière d'une veilleuse.

Camille dormait; sa tête reposait mollement sur un blanc oreiller; son visage, toujours animé d'une douce expression, était tourné vers Octave, et son bras droit était étendu sur le drap; elle était coiffée d'un foulard nuancé de bleu et de rose, lequel se dénouait, et deux touffes de ses beaux cheveux noirs s'échappaient et s'égaraient sur l'oreiller; quelques-uns passaient sur ses lèvres, et sa respiration les faisait onduler comme les faibles branches du saule pleureur, agitées par une brise d'été.

Elle était charmante ainsi. Octave, après l'avoir long-temps admirée, alla s'asseoir à quelque distance du lit; son cœur palpitait de plus belle; il n'osait respirer, et ses émotions étaient si fortes qu'elles lui brisaient l'âme.

Un léger frôlement se fait entendre; Octave jette un regard furtif; Camille n'est pas éveillée, mais elle glisse son bras sous la couverture. Octave a tressailli, son cœur bat plus vite; car pendant que la jeune fille soulève la couverture, un reflet de la veilleuse déchire l'obscurité.....

Octave est transporté; son sang fermente et bout, il se lève..... Le désir le brûle, un mouvement convulsif l'agite; il s'élance, et sa bouche brûlante étouffe le premier cri de Camille. La jeune fille s'éveille effrayée, elle repousse Octave; mais elle le reconnaît et lui dit d'une voix douce et tremblante :

— C'est vous !

— Oui, ma Camille, mon ange.

— La nuit, s'introduire ici! C'est bien mal, Monsieur!

— Camille, je t'aime!

— Eh bien retirez-vous.

— Déjà? oh non!

— Octave, je t'en supplie, va-t-en!

— Encore un instant!

— Va-t-en, ou je ne t'aime plus.

— Mais Camille......

— Je vais crier!

— Un baiser et je pars.

— Non, non!

Octave embrassa Camille et s'enfuit en se disant : — Suis-je bête! —

Et le reste de la nuit, ce fut une agitation continuelle, un désir mal éteint, une pensée brûlante, que le souvenir repoussait vers l'alcôve.

CHAPITRE XVII.

La vengeance! oh! c'est une ivresse qui vous rend fou; mais après.... C'est l'enfer !

— Ces classiques de romantiques ! —

Quoi !!!
Racine. — Andromaque que nous n'avons jamais lu mais que nous lirons incessamment.

Il est colonel, et je crois
Qu'il a gagné titres et croix
En faisant la guerre aux grisettes.

— Un de nos amis qui veut garder l'anonyme. —

Faisons une course.

—

Il est plus de minuit, il fait nuit noire; quelques nuages gris glissent rapidement dans le ciel. Ne voyez-vous pas, à la dernière lueur d'un réverbère qui va s'éteindre, ne voyez-vous pas la façade de l'hôtel de S*** Entrons-y et faisons silence; montons d'abord jusqu'au haut du second escalier ; tournons à droite, et filons à pas de loup jusqu'au bout du corridor.

Surtout, faisons silence.

La dernière porte du corridor est entr'ouverte et nous laisse apercevoir un grand jeune homme aux yeux noirs, au front étroit ; il paraît méditer profondément ; il est si préoccupé, qu'il ne prend pas la peine de moucher sa chandelle dont les pâles reflets frappent sur son visage animé d'une singulière expression,

C'est Saint-Faust.

Aimez-vous les pantomimes ? voyez comme il se démène, comme il gesticule ; tantôt un sourire de damné passe sur sa figure, tantôt c'est une rage de joie. Oh ! voyez donc maintenant, quel accès de fureur, il frappe du pied comme un cheval qui s'impatiente. Ciel ! il vient de briser un vase rempli de fleurs qui se trouvait sur le manteau de la cheminée. Êtes-vous physionomiste, vous lirez comme nous sur son visage que le sujet de cettepantomime est la vengeance.

Mais la pantomime a cessé ; et si vous êtes *amateur*, — Madame, — vous allez entendre une belle scène de mélodrame ; Saint-Faust crie d'une voix sourde et saccadée :

« — Oui, oui, je me vengerai ! Ah ! mes-
» sieurs Octave et consors, vous avez voulu
» me mystifier, vous avez voulu me rendre
» ridicule aux yeux de ces demoiselles, vous
» avez voulu ternir ma réputation par un
» sarcasme, c'est bien, c'est bien, mais je
» me vengerai. »

Saint-Faust se tait ; il paraît méditer gravement, et continue :

« Je ne le demanderai pas en duel ; car en
» définitive, malgré ma réputation de duel-
» liste, je ne me suis jamais battu, et je ne
» veux pas jouer ma vie contre celle d'un
» pareil ostrogoth, ce serait une folie ; et puis
» si je le tuais, — cela pourrait bien arriver,
» — le remords viendrait toujours fouiller
» dans mon cœur avec ses mains sanglantes ;
» oh ! le remords, le remords, c'est une
» horrible chose, point de sang. »

— Notez que Saint-Faust a volé ces dernières phrases à certains mélodrames. —

« Mais il faut pourtant que je me venge.
» Oh! pardieu, un excellent moyen : la ven-
» geance la plus douce pour moi, la plus
» terrible pour lui, ne serait-ce pas de lui
» souffler Camille? C'est peut-être difficile;
» mais pour arriver à son but, la vengeance
» brave tout; et puis j'ai déjà une chance de
» succès. Octave n'a-t-il pas déposé la bague
» de Camille au mont de piété; ah! monsieur
» Octave, vous voulez me mystifier et vous
» avez la maladresse de me dire que la bague
» de Camille est au mont de piété.... c'est
» bon!

» Malheur à lui! Je me vengerai. »
Voyez-vous que c'est du mélodrame!

Saint-Faust est satisfait; il va se coucher avec la conscience aussi tranquille que s'il eut fait une bonne action. Par prudence pour votre pudeur, Madame qui le regardez, il vient d'éteindre sa lumière; le lit s'affaisse sous lui, il se couvre avec soin et s'endort tranquillement.

Maintenant qu'il n'y a plus à voir qu'un homme endormi, — chose peu intéressante vraiment, — quittons l'hôtel en observant le même silence qu'à notre arrivée, de crainte d'éveiller Saint-Faust et ses noirs projets.

Surtout n'allons pas lui apprendre qu'Octave passera une partie de la nuit près du lit de Camille; car Saint-Faust a quelque penchant pour la modiste; et si la jalousie se mêlait à la vengeance, nous verrions beau jeu.

Si vous aimez les courses à pied, suivez-nous maintenant jusqu'au boulevard des Italiens; si cela vous fatigue, prenez un cabriolet, il y en a encore quelques-uns près du Pont-Neuf; mais surtout, suivez-nous.

Connaissez-vous l'hôtel de Vasington? Il nous prend la fantaisie d'y entrer; — chacun a sa fantaisie; Saint-Faust, comme vous savez, a parfois celle d'être aimable. —

faisons silence encore; un homme parle, écoutons-le :

« C'est une désolation d'être si éloigné de
» Paris quand on s'y amuse tant! Où diable
» ai-je été me faire recevoir notaire dans
» cette petite ville des Pyrénées. Oh! mon
» Dieu, j'oubliais..... Et mon adjudication
» pour dimanche prochain, je n'arriverai
» jamais; encore si mon principal clerc n'était
» pas si bête, il prierait un de mes collègues
» de me remplacer.... »

Mais laissons le notaire des Pyrénées se lamenter et penser à son adjudication, nous nous sommes étrangement trompés; c'est, nous croyons, deux portes plus loin. Voyez-vous cet homme à l'air hautain, qui jette un regard caressant sur le ruban rouge artistement placé sur le revers de son habit; cet homme à l'air hautain, déjà vieilli, cet homme aux sourcils épais, aux yeux enfoncés, aux moustaches rousses, c'est Edouard d'Ermon.

Depuis le bal au château de Saint-Firmin, rien de bien extraordinaire ne s'est passé dans sa vie. Anna l'avait suivi en France, deux fois il a fait un voyage en Espagne avec Anna ; il a depuis long-temps oublié Marie ; il sait qu'Anna a un fils, mais il ne le connaît pas ; il sait aussi que Marie a une fille, il ne l'a jamais vue.

Il est maintenant colonel, mais il est indigne de ce titre, puisque c'est en trahissant l'homme-géant, à la sanglante journée de Waterloo, qu'il a gagné ce titre, ce ruban qui nous offusque et qui nous rappelle certaine rose que nous avons vue briller dans un fumier.

Il est assis devant une table sur laquelle on voit deux bougies allumées, des journaux et quelques romans ; il appuie sa tête dans sa main gauche, et sa main droite écrit quelques lignes sur une feuille de papier rose ; le moindre bruit lui fait jeter un regard vers la porte, il attend quelqu'un.

Un rayon de joie vient de passer sur son visage ; il sourit, il glisse ses doigts dans ses cheveux, dans ses moustaches ; il se lève si précipitamment qu'il a failli renverser la table avec son genou.

C'est qu'il a reconnu le bruit de certains pas......

Maintenant, mille pardons, mais veuillez vous déranger; une jeune fille s'avance, elle va passer dans la chambre du colonel.

Elle est passée; rapprochez-vous et prêtez l'oreille; le colonel a pris tout-à-coup un air maussade.

— Enfin te voilà, dit-il à la jeune fille qui entre.

— Oui, me voilà! monsieur le colonel Edouard d'Ermon, monsieur le galant chevalier du dix-neuvième siècle, répond la jeune fille en saluant, et avec un sourire.

— Sais-tu bien que c'est ennuyeux d'attendre si long-temps;

— Dame! j'ai fait ma toilette.

— Quand je te dis d'arriver toujours à minuit.

— C'est vrai, mon chéri, mais je ne me trouve jamais assez bien pour toi, et je me mire deux heures avant de venir.

— Puisque je te paie pour cela.

— Oh! mon Dieu, quel ton.... Méchant!

— Écoute, c'est une leçon; si tu tiens aux robes, aux cachemires; si tu tiens aux cinq cents francs que je te donne par mois, prends garde.

— Je tiens bien plus à ton amour.

— Mensonge !

— Est-ce que tu ne trouves pas que je suis belle aujourd'hui ?

— Une autre fois je me fâcherai, vois-tu !

— Comment trouves-tu ma coiffure ?

Et Marine, — elle se nomme Marine, — se mire dans la glace.

— Pas mal, mais attendre si long-temps !

— N'est-ce pas que je suis toujours bien fraîche ? Oh! Monsieur, une lettre!.... sur du papier rose..... et pour qui ?

— N'importe.

— Tu ne sais pas une nouvelle, c'est qu'Anna, cette Espagnole si brune, que j'ai vue plusieurs fois ici, Anna, ta première séduction, part demain pour l'Espagne.

— Elle me l'a dit.

— Tant mieux, qu'elle parte sans retour; sa vue me rendait jalouse, jalouse à mourir.

— Mensonge!

Mais..... Mais entendez-vous, quelle inconvenance; c'est Clara qui ne se doute pas que nous sommes là, et qui vient d'embrasser le colonel.

Quelle inconvenance!

Retirons-nous, descendons l'escalier avec précaution; car l'escalier d'un colonel est ciré tous les jours.

Enfin sans accident nous sommes arrivés à la porte de l'hôtel. Oh! mais, voyez donc; c'est à saisir d'effroi! Voyez donc cette femme assise sur cette borne; elle tourne un œil flamboyant vers l'hôtel. Voyez-vous, elle se crispe, elle prononce à voix basse quelques paroles infernales. — Oh! qu'un sourire doit être laid sur son visage pâle et décharné; qu'une larme doit mal briller dans son œil rouge....

Vous devinez..... c'est Marie, c'est la jeune vierge du château de Saint-Firmin, c'est la vieille prostituée de la Cité.

II.ᵉ PARTIE.

CHAPITRE PREMIER.

> Il y avait de la sympathie entre ces deux femmes, le même homme les avait séduites, puis abandonnées.
>
> — *Roman inédit.* —

Anna à Marie.

—

Madame,

Je pars à l'instant pour l'Espagne; j'aurais désiré vous voir avant mon départ; mais c'est ce matin seulement que j'ai appris où vous demeuriez. Vous êtes malheureuse,

Madame, pardon si j'ose vous le dire; oui, vous êtes malheureuse, je le sais, et je m'empresse de joindre à cette lettre un billet de banque de mille francs; ne refusez pas ce faible secours, c'est d'une amie qui s'intéresse à vous.

Adieu, Madame, je vous plains et vous aime.

Anna del MERINO.

Marie à Anna.

—

J'ai cru rêver un instant en recevant votre lettre; j'y ai long-temps promené un regard incrédule; car je croyais que je n'avais plus d'amie.

Oui, Madame, je suis bien malheureuse, oh! bien malheureuse! et je souffre horriblement quand je tourne mon œil désenchanté sur ma vie de prostituée ; quand je vois dans la glace mon front flétri, au milieu duquel l'infamie imprima ses stigmates ; quand je pense que Camille, si belle et si pure ! est ma fille, à moi si laide et si fangeuse !

Pauvre ange, oh ! si vous la connaissiez, Anna, je suis sûre que vous l'aimeriez bien. Elle ignore encore, — et je veux toujours lui laisser ignorer, — que je suis sa mère ; je lui ai toujours dit qu'une nuit d'hiver, je l'avais recueillie mourante dans une rue de Paris. Ce mensonge m'a beaucoup coûté, m'a fait bien du mal, puisque je n'ai jamais pu la nommer ma fille, ni lui entendre dire ce mot si doux à l'oreille d'une mère : *maman*.

Jamais je ne lui ai parlé du colonel, de son père ; l'indigne oublia la mère et l'enfant privés de tout secours. Il m'avait fait monter pure et candide sur le premier échelon du vice, si bien paré de fleurs, et je suis arrivée sur le dernier où m'attend un suicide.

J'ai quitté mon vieux père bien faible,

bien souffrant, j'ai brisé son dernier beau rêve, je l'ai rendu malheureux; il avait rêvé une vieillesse douce, paisible, que j'aurais protégée comme il avait protégé ma jeunesse; il avait rêvé ces longues et délicieuses soirées d'hiver passées près de moi devant un feu qui réjouit, quand le vent du nord siffle dans les tourelles du château de Saint-Firmin; je l'ai abandonné, et Dieu m'a punie.

J'ai su qu'il était mort de chagrins et d'ennuis. J'ai couru à Saint-Firmin — la nuit pour ne pas être reconnue, — j'ai prié, pleuré sur sa tombe; mais mon père a-t-il vu les pleurs, a-t-il entendu les prières de sa fille la prostituée? Sa succession fut ouverte, elle est restée vacante; car tout ce que je pouvais faire pour sa mémoire, était de laisser ignorer au monde que moi, sa fille qu'il aimait, qu'il avait élevée, était devenue..... Oh! Anna, Que ces souvenirs sont poignans et cruels! J'avais déjà songé à m'en délivrer; mais j'ai pensé à ma fille, et j'ai pleuré....

J'accepte les mille francs que vous me donnez; je vais les conserver précieusement; un jour je pourrai, sans rougir, les offrir à Camille, puisqu'ils ne seront pas salis par la prostitution.

Marie de LANCY.

Anna à Edouard.

—

Enfin me voilà loin, bien loin de toi; je viens d'arriver à Malaga, j'ai revu l'Espagne et son ciel bleu. J'espérais t'oublier ici; mais tout me rappelle ton souvenir : hier en passant près d'une touffe de figuiers d'Arabie, j'ai cru te voir encore, j'ai cru t'entendre prononcer mon nom, et mon cœur battait encore pour toi.

J'avais juré de ne plus t'écrire, mais le devoir m'y oblige.

Je viens de recevoir une lettre de Marie, Marie si belle et si pure le jour de ce bal où tu l'as conduite faible et confiante sous les voûtes obscures du château de Saint-Firmin ; Marie, que tu as séduite comme moi, et lâchement abandonnée quand elle fut prête de devenir mère ; Marie, que tu as lancée dans l'abîme où elle a vendu les restes d'un amour que tu avais sali.

Tu es riche, Edouard, Marie est pauvre, et mon seul but en t'écrivant est de te prier de la secourir, de l'arracher à sa vie de prostituée, peut-être à la mort, au suicide : tu as causé son malheur, tu dois tout réparer ; et pour tout réparer, Édouard, il n'est qu'un seul moyen, épouse Marie et va finir ta vie avec elle à Saint-Firmin ; ou, si tu crains le blâme, viens te réfugier avec elle en Andalousie, j'en serai contente, nous finirons nos jours ensemble ; et quand mon fils, le fils que tu m'as donné, ton enfant naturel, Edouard, viendra me parler de son père, je lui dirai qu'il est bon, généreux, et qu'il est mort dans un combat.

Mais si tu refuses ma dernière demande, je l'apprendrai à te maudire, et je te maudirai moi-même.

Oh! je t'en supplie, épouse Marie; l'amour que tu lui as inspiré est encore pur.

Adieu.

Anna à Edouard

—

J'étais folle! Édouard, quand hier je t'ai supplié d'épouser Marie; j'avais reçu d'elle une lettre où ses souffrances étaient tracées, et c'est sous l'impression de cette lettre que je t'écrivais; je hais cette femme puisque tu lui as donné un regard, un sourir d'amour; je la hais, mais ses malheurs réclament ta pitié.

Edouard à Anna.

—

Il existe de singuliers rapprochemens dans le monde : le jour même où tu me proposais de devenir l'épouse de Marie la prostituée, j'étais nommé conseiller d'état; et tu conçois, ma bonne petite Anna, que j'ai fait la grimace à ta lettre, et que j'ai accordé un sourire à Louis-Philippe, c'est tout naturel.

Pensais-tu bien à ce que tu m'écrivais. Quoi! moi, lieutenant-colonel, moi, chevalier de la légion-d'honneur, moi enfin, conseiller d'état, j'irais donner ma main à une fille sans mœurs? Oh! quelle folie.

Ta lettre est cause que j'ai fait un mauvais rêve la nuit dernière. Imagine-toi que Marie m'est apparue pâle, echevelée; elle m'a parlé de mes promesses, — comme si les promesses d'amour étaient vraies. — Elle m'a parlé de son vieux père que sa fuite a fait mourir, elle m'a parlé de sa fille, et enfin elle a fait briller un couteau à mes yeux : voilà de l'horrible, j'espère; je me suis éveillé tout agité; mais au lieu de Marie, pâle, échevelée, j'ai retrouvé près de moi Marine, bien fraîche et bien rieuse; et au lieu de sentir la pointe froide d'un couteau, j'ai senti caresser mes lèvres par un baiser brûlant. Cette fois la réalité était plus belle que le rêve.

Raisonnons un peu : Marie est devenue mère; elle prétend que j'en suis la cause, c'est possible; elle est devenue pauvre, malheureuse, elle s'est prostituée, ce n'est plus moi qui en suis la cause, c'est la fatalité, c'est son mauvais génie; et parce que Marie a un mauvais génie; parce que la fatalité s'en mêle, ne faudrait-il pas que j'allasse l'épouser? Oh! non; et d'ailleurs, s'il fallait que j'épousasse toutes celles qui m'ont rendu la vie légère, et que, pour récompense, j'ai rendues mères, y suffirais-je?

Depuis ton départ, je suis d'une sagesse exemplaire, à peine ai-je lorgné quelques grisettes; je reste fidèle à Marine, et Marine me reste fidèle.

Je suis passé ces jours derniers prés du château de Saint-Firmin; sa vue m'a rappelé le souvenir de ce bal où je t'ai vue si jalouse; je me mets toujours à rire quand je pense à l'instant où tu m'as surpris sous les voûtes.... Pauvre Anna! Marie était si belle aussi!....

J'ai appris que le château de Saint-Firmin était à louer : il m'est venu l'idée d'en être le locataire; je viens d'écrire pour connaître les conditions du bail et pour faire des offres;

tout me fait présumer quelles seront acceptées.

Adieu, ma bonne petite Anna, change à l'avenir de style épistolaire, et ne me parle plus de Marie.

Et surtout renonce à tes projets de malédiction.

Edouard d'ERMON.

P. S. J'oubliais de te dire que Zelphina, la danseuse, me fait tourner la tête.

Anna à Marie.

—

Pauvre Marie! que vous connaissiez peu Edouard d'Ermon le jour où il vous séduisit; que vous devez avoir en horreur cette voûte obscure du château de Saint-Firmin où vous êtes entrée si pure et si belle! d'où je vous ai vue sortir avec cette souillure qui devait s'étendre comme la goutte d'huile tombée sur un morceau de toile.

Oui, Marie! oui, je vous ai vue..... je l'aimais aussi, lui; et ce même soir qui vous vit pure et souillée, je courais après lui, je voulais empêcher une séduction, je voulais lui rappeler ses sermens, ses promesses; mais ses promesses étaient fausses comme lui.

J'avais déjà traversé le jardin; et, désespérée, j'allais rentrer au bal, quand j'entendis quelque bruit sous les voûtes, j'y descendis; vous y étiez avec lui, croyant que les battemens de son cœur répondaient aux battemens de votre cœur, croyant que ses paroles d'amour étaient vraies.... Pauvre Marie.

Oui, je l'aimais aussi, puisque j'ai quitté mon beau ciel d'Andalousie, l'ombrage voluptueux des orangers pour le suivre à Paris où je n'ai trouvé que dégoût et déception. J'avais rêvé ces bals brillans de la capitale de France que l'on m'avait tant vantés. Pendant long-temps je les ai fréquentés;

mais que leur lumière est pâle auprès de notre soleil andaloux! On trouve leurs contre-danses, leurs walses bien froides, quand on a vu danser, quand on a dansé les danses espagnoles.

J'ai long-temps passé aux yeux du monde pour l'épouse d'Edouard; je le suivais en cette qualité dans les salons, dans les bals, dans les soirées, jamais il n'a voulu consentir à m'épouser; et cependant j'étais mère, oui Marie, moi aussi j'ai un enfant, j'ai un fils que j'idolâtre, un fils que j'ai vu quelquefois et qui ne m'a jamais vue; car je l'ai toujours éloigné de ma demeure, je serais morte de honte s'il m'avait surprise avec un homme qui n'était pas mon époux, avec Edouard.

Je l'attends impatiemment, mon fils, il doit venir passer quelques mois à Malaga cet été; quelle joie pour moi de le revoir!

Depuis 1815, j'ai parfois demeuré avec Edouard, nous avons long-temps habité la campagne. A l'heure qu'il est, Edouard est à Paris, toujours entouré de grisettes.

Je l'ai quitté presque fâchée ; mais, vous l'avouerai-je ? je l'aime encore, comme une folle que je suis.

CHAPITRE II.

> Tous ces projets étaient fous
> comme ceux qui les enfantaient.
>
> *Fiscaro.*

Rêveur et seul assis là bas sur la pelouse,
Je faisais des projets de toutes les couleurs,
Je me suis bien promis d'aimer une Andalouse
Et de lui dire un soir sous l'oranger en fleurs.

Nous.

Deux scènes.

SCÈNE Ire.

Un jour Paul et Octave entrèrent chez Anatole.

OCTAVE.

Anatole?

ANATOLE.

Hein?

OCTAVE.

Nous partons pour l'Espagne.

ANATOLE.

Vraiment!

PAUL.

Nous accompagnes-tu?

ANATOLE.

Oh! oui, vive l'Espagne et ses belles femmes, je veux les voir à mon tour.

OCTAVE.

Nous partons dans deux jours.

ANATOLE.

Sitôt?...... Tant mieux!

PAUL.

Fais tes préparatifs de voyage.

ANATOLE

Nous allons à pied?

PAUL.

Oui et nous avons de bonnes raisons....

ANATOLE.

Nous devrions n'emporter aucun effet.

PAUL.

Je le disais à Octave.

OCTAVE.

Oui, c'est vrai.

ANATOLE.

Une blouse de toile grise

OCTAVE.

Faite avec grâce,

PAUL.

Avec une ceinture rouge,

OCTAVE.

Un pantalon de coutil;

PAUL.

Une grande cravate noire, avec laquelle on puisse faire des nœuds fashionables.

ANATOLE.

Des guêtres de cuir,

PAUL.

Un chapeau de marin,

OCTAVE.

Un lorgnon,

ANATOLE.

Une canne à épée,

OCTAVE.

Un souvenir,

ANATOLE.

Un album,

PAUL.

Et nous voilà partis.

ANATOLE.

Quel plaisir! Quel bonheur! Vive l'Espagne!

PAUL.

Il faut que je vous mène ensuite en Amérique. Vivent les négresses!

OCTAVE.

Fi des négresses! ce sont les filles du diable, puisqu'elles sont noires comme lui.

ANATOLE.

Vivent les Espagnoles! mais je n'ai pas d'argent pour les frais du voyage.

PAUL.

C'est le plus embarrassant.

OCTAVE.

Il me reste quatre cents francs.

PAUL.

Triste somme pour faire quatre cents lieues ! Il faut aviser aux moyens de nous enrichir dans notre voyage.

OCTAVE.

Comment?

PAUL.

Toi, Anatole, tu feras des portraits.

ANATOLE.

Charlatanisme !

PAUL.

Toi, Octave, tu feras des chansons.

OCTAVE.

Sottise !

PAUL.

Et moi, je..... je..... Oh! mais, une idée lumineuse, une idée superbe, une idée qui n'a jamais dansé dans le cerveau de Cuvier le savant, faisons-nous improvisateurs.

ANATOLE.

L'idée est excellente.

OCTAVE.

C'est toi qui improviseras.

PAUL.

Ah diable ! c'est difficile.

ANATOLE.

Essaie.

PAUL.

Donnez-moi quatre bouts rimés ;

ANATOLE.

Voici : — tour, donzelle, puis.....

OCTAVE.

Pelle, four, — nous te donnons vingt-cinq secondes.

PAUL.

J'y suis, écoutez :

>Dans cette tour,
>Une donzelle
>Tenait la pelle
>A four.

OCTAVE et ANATOLE, *éclatant de rire.*

Oh ! c'est délicieux.

PAUL.

Diable ! ce n'est pas chose si facile que d'improviser.

OCTAVE, *avec ironie.*

Tu t'en acquittes fort bien.

ANATOLE.

J'aime bien la chûte du dernier vers.

PAUL, *en faisant une moue.*

Vous me donnez des rimes aussi.....

SCÈNE II.

Les mêmes, LÉNORE, CLARA.

LÉNORE, *en entrant.*

Monsieur Anatole,

ANATOLE.

Mademoiselle.

LÉNORE.

Je vous amène ici une de mes jeunes amies qui vient vous prier de lui faire son portrait.

ANATOLE.

Je ne le puis.

LÉNORE.

Pourquoi?

ANATOLE.

Un voyage en Espagne.

PAUL, *à part.*

Allons, voilà le secret dévoilé.

LÉNORE.

Quoi ! vous allez en Espagne.

ANATOLE.

Et nous partons dans deux jours.

LÉNORE.

Vous n'allez donc pas seul.

ANATOLE.

Je vais avec Paul et Octave ; vous ne saviez donc pas ?

LÉNORE.

Je ne savais rien ; monsieur Paul est si confiant, ça fait pitié !

PAUL.

Messieurs, messieurs, une idée bien plus belle que la première, une idée qui a dansé dans bien des cerveaux, faisons-nous acteurs.

OCTAVE.

Est-il ingénieux, donc !

PAUL.

Choisissons quelques jolies actrices, comme Lénore et Clara, par exemple.

LÉNORE.

Quelle galanterie!

PAUL.

N'est-ce pas? Nous exploiterons le midi de la France, nous deviendrons riches, car nous avons tous du talent, et puis Anatole était bon acteur autrefois.

OCTAVE.

Projets en l'air! Folie!

PAUL.

Notre carrière dramatique se terminera près des Pyrénées; là, nous partirons pour l'Espagne, et ces demoiselles reviendront à Paris.

LÉNORE.

Eh bien! Clara, que penses-tu de cette proposition?

CLARA.

Je la trouve charmante, et j'accepte.

LÉNORE.

Quoi! tu irais en province.

CLARA, *bas à Léonide.*

Mieux vaut briller en province que rester obscure à Paris.

PAUL.

N'est-ce pas, ma Lénore, que tu seras enchantée de courir la province avec moi?

LÉNORE.

Vous êtes un méchant! ne pas m'avertir;

PAUL, *riant*.

Je voulais t'épargner les chagrins d'une séparation.

LÉNORE.

Eh bien! pas de séparation; je pars avec vous, Messieurs.

PAUL, OCTAVE *et* ANATOLE.

Bravo! bravo!

LÉNORE.

Clara, c'est décidé, tu ne me quittes pas.

OCTAVE.

Et Anatole ne perdra pas la jolie occasion de peindre une jolie figure.

ANATOLE, *souriant*.

C'est vrai; à la première ville où nous nous arrêterons, je veux avoir ce bonheur-là

CLARA, *rougissant*.

Oh! Monsieur....

PAUL.

C'est une affaire entendue, ces demoiselles partiront demain par la voiture d'Orléans.

LÉNORE.

Et vous?

OCTAVE.

A pied.

CHAPITRE III.

L'amour repose au fond des âmes pures, comme une goutte de rosée dans le calice d'une fleur.

De Lamenais.

L'amour est le soleil de l'âme.

V. *Hugo.*

La vie est un sommeil, l'amour en est le rêve.

Alfred *de Musset.*

La vie est une fleur, Camille,
Et son doux parfum est l'amour.

Nous.

Pendant l'orage.

—

Le lendemain soir, Octave entra chez Camille.

— Adieu! lui dit-il en entrant, je pars, mais dans trois mois, nous nous reverrons.

Camille arrosait des fleurs.

— Trois mois! répéta-t-elle avec un

soupir; Dieu le veuille, mais je ne le puis croire.

— Je te le jure par notre amour.

— Depuis que tu m'as parlé de ton voyage en Espagne, un secret pressentiment me dit toujours que tu m'oublieras.

— Crainte de jeune fille, moi t'oublier? jamais!

— Jamais?

— Non, jamais!

— Je cherche à me persuader cela, mais je ne le puis.

— Oui, ma Camille, je reviens dans trois mois, nous serons alors en automne, et nous irons ensemble habiter quelque chaumière isolée au fond d'un vallon; là, nous respirerons un air pur, un air empreigné d'amour; là, nous aurons un frais ombrage, un ruisseau qui coulera pour nous; je planterai autour de notre maisonnette des amandiers et des acacias; nous aurons un tout petit jardin où des milliers de fleurs, fraîches et belles comme toi, naîtront pour te parer. Quel avenir de joie, de bonheur et d'amour; nous irons tous les soirs errer dans quelque petit bois; puis quand la nuit brunira le vallon, nous rentrerons dans notre jolie et simple demeure, nous n'aurons qu'une table sur laquelle seront toujours épars tes broderies, tes dessins, quelques coupons de stoff, de mousseline, mes fragmens de romans, de contes, mes romances. Là, le silence ne sera troublé que par nos douces causeries, nos paroles d'amour; puis quand l'heure du sommeil viendra, nous n'aurons qu'un pas à faire pour trouver notre lit; n'est-ce pas, ma Camille, quelle belle vie? —

Octave effleura de ses lèvres le front de Camille, qui le repoussa faiblement.

Il faisait nuit, et quelques nuages noirs glissaient rapidement dans le ciel.

N'est-ce pas, mon bon ange, que tu serais heureuse de vivre ainsi? Nous ne serons pas riches, mais il faut si peu de chose quand on s'aime!

— Oui, je serais heureuse, car si tu savais comme je t'aime!

— Je le sais, je le sais, puisque c'est le même amour qui nous embrase, puisque ce sont les mêmes pensées, les mêmes larmes, les mêmes joies....

— Et tu me quittes quand je suis triste, abattue; quand quelque chose d'amer, d'accablant, glisse sur mon cœur, m'empêche de respirer. —

Octave et Camille détournèrent les yeux de la fenêtre; un éclair venait de les éblouir.

— Ciel! un orage, dit Camille avec effroi et fermant la fenêtre.

— Je vais rester près de toi, je sais que tu crains les orages.

— Oui, j'ai peur, et Camille, pâle, tremblante, alla se réfugier dans les bras d'Octave.

Octave s'assit et fit asseoir la jeune fille sur ses genoux.

Oh! quelle délicieuse extase, quel doux frémissement pour lui, si pur encore, de presser contre son cœur le frêle et gracieux corps de son amante, qui tremble d'amour et de peur.

Le tonnerre grondait au-dessus d'eux, la chambre n'était éclairée que par le feu des éclairs, et la pluie battait contre les vitraux.

Camille avait des attaques de nerfs et se crispait dans les bras d'Octave.

Il était près de minuit quand le jeune homme quitta Camille après avoir laissé sur son front pur et blanc, l'empreinte de ses baisers, après lui avoir dit mille fois adieu.

CHAPITRE IV.

Écoutaz, vietzdazes,
Secouez de hait, vos aureilles.

Rabelais.

Moi je ne puis qu'aboyer.

Fiscaro.

Les Improvisateurs.

—

Voyez-vous par une de ces belles et pures matinées de juin, voyez-vous sur la grande route de Paris à Orléans, ou d'Orléans à Paris, si vous aimez mieux, trois jeunes hommes vêtus de blouses de toile grise; leurs ceintures rouges, leurs chapeaux de marin, leurs pantalons de coutil, leurs modestes guêtres de cuir jaune, et leurs grosses cravates noires nouées avec une négligence affectée, leur donnent un certain air d'originalité qui sied bien à leurs belles figures d'artistes.

C'est plaisir de les voir marcher; légers comme la brise qui les caresse, ils viennent de quitter Paris, et, vraiment, ils sont heureux de respirer l'air des campagnes; le temps est calme, et le soleil glisse lentement sur un ciel bleu tacheté de quelques blancs nuages.

L'un des trois jeunes hommes est moins joyeux que ses deux amis, c'est Octave; il paraît rêver, il est pâle, c'est l'ennui..... c'est l'amour; il semble qu'on voie sur son beau front passer parfois une idée soucieuse. Il plonge un regard insouciant sur les belles plaines qui l'environnent, sur les rochers, les montagnes, les forêts; mais sa pensée n'est pas là; il éprouve ce vide qu'éprouve l'avare qui va s'éloigner de son trésor; il murmure tout bas un mot, il prononce un nom qui fait renaître à ses yeux mille souvenirs, un nom qu'il n'a jamais entendu sans tressaillir. Octave est si préoccupé, qu'il continue de suivre la grand'route, sans s'apercevoir que ses amis ont pris un chemin de traverse, un beau chemin vert ombragé par une longue allée de peupliers et de pommiers.

— Octave, où vas-tu ? lui crie Paul.

Octave revient sur ses pas et prend le chemin de traverse.

— Tu sais bien, continua Paul, que nous devons essayer nos talens pour l'improvisation dans cette petite ville que tu vois là-bas.

— J'oubliais !

— J'espère que tu seras moins distrait quand on te proposera des bouts-rimés à remplir,

— Peut-être....

Une voiture élégante qui glissait rapidement sur le chemin vert faillit écraser Octave ; un grand éclat de rire partit de la voiture.

— C'est Lénore ! s'écria Paul étonné.

— Et puis Clara.

La voiture s'arrêta, et un homme déjà vieilli, décoré de la croix de la légion-d'honneur, salua les jeunes gens, c'était le colonel d'Ermon.

— Je me trouvais, leur dit-il, avec ces dames dans la voiture d'Orléans; elles m'ont dit qu'elles devaient donner quelques représentations avec vous dans cette petite ville que nous voyons là-bas; j'ai voulu leur épargner la peine de faire le voyage à pied... Adieu, Messieurs, nous nous reverrons.

Et la voiture s'éloigna.

— Voilà un homme fort complaisant, dit Paul.

— Il l'est peut-être trop, répondit Anatole, et je gage qu'il finira par te souffler Lénore.

— Oh ! je voudrais bien voir cela, par exemple !

— Tu verras.

Et les trois amis, occupés de diverses pensées, continuèrent leur route en silence.

Ils arrivèrent dans la petite ville et descendirent dans l'hôtel le plus apparent; Lénore, Clara et leur galant conducteur les attendaient.

Il faisait déjà nuit; Octave rédigea une affiche de spectacle, un article de journal, et s'empressa de les porter à l'imprimerie du lieu. Le lendemain, les affiches étaient placardées, et l'article, intitulé *les Improvisateurs*, remplissait le feuilleton du journal.

Le jour de la première représentation, tandis que Paul, Anatole et les deux actrices étaient à la répétition, Octave courait les cafés pour savoir ce qu'on disait d'eux.

— Ah! ah! nous verrons comment ils s'en tireront, messieurs les artistes de la capitale, messieurs les improvisateurs, s'écriait un jeune clerc de notaire en lisant le feuilleton du journal.

Octave s'approcha de lui.

— Nous espérons nous en tirer avec honneur, lui dit-il en le saluant;

— Je le désire pour vous et pour les spectateurs, Monsieur; mais l'improvisation est un talent qui se rencontre si rarement!

— Nous avons fait de longues études,

— Je le veux bien; mais vous aurez affaire à quelques personnes, à mon patron *notamment*, qui s'y connaît assez bien; et si vous n'employez la ruse....

— Et quelle ruse?

— Quelle ruse! Vous faites l'ignorant; tenez, je suis bon enfant, j'ai toujours aimé les artistes, je veux vous être utile.

— Comment?

— Mais vraiment, on dirait que vous êtes innocent. Écoutez, je suis le principal feuilleton du journal qui paraît ici; et quoique mes productions n'aient pas le sens commun, je passe pour un savant. Ce soir j'aurai souvent la parole pour vous crier : Un couplet sur telle et telle chose, sur Louis-Philippe, par exemple, sur la république, sur les émeutes, tout cela est de circonstance, quoiqu'un peu rococo.

— Eh bien!

— Eh bien, je vais prendre dans mon souvenir les titres des couplets que vous pourriez faire à l'avance, et du milieu de l'assemblée, je vous crierai : Un couplet sur les émeutes, sur la lune, sur le diable, etc.

— Je vous comprends, dit Octave un peu confus.

— Tous les improvisateurs ont fait ainsi.

— J'avais prévu en effet l'impossibilité d'improviser....

— C'est toujours à neuf heures ?

— Oui, nous jouons deux vaudevilles auparavant.

Octave et le clerc de notaire quittèrent le café pour aller à la salle de spectacle.

Le soir arriva, les spectateurs furent nombreux, et la recette s'élevait à trois cent quinze francs cinquante centimes au lever du rideau.

Les deux vaudevilles furent joués avec beaucoup d'ensemble; les acteurs furent applaudis, Paul surtout qui remplissait un rôle de bouffon. Chacun admira la beauté, la fraîcheur des actrices.

Il était près de dix heures quand Octave annonça que la séance d'improvisation allait

s'ouvrir : « Nous sommes jeunes, dit-il en
» s'adressant au public, nous réclamons votre
» indulgence, veuillez nous donner un
» sujet. »

— Une romance, s'écria le clerc de notaire, sur l'ombre d'Aline qu'on s'imagine voir passer toutes les nuits près du vieux château.

Ce vieux château était situé à peu de distance de la petite ville, sur le penchant d'une colline.

— Les romances sont du domaine de monsieur Anatole, dit Octave au public, il va paraître à l'instant.

Anatole parut, et demanda deux minutes.

Il se fit dans la salle un silence religieux.

Et Anatole, qui avait appris dans la journée la romance suivante, faite par Octave, la chanta avec une assurance qui étonna :

<blockquote>
On voit sur la colline,
Et quand il fait bien noir,
Glisser l'ombre d'Aline
Près de ce vieux manoir.
</blockquote>

LES IMPROVISATEURS.

Quand, dans l'orage, il tonne,
Chacun l'entend gémir;
Car un soir, dans l'automne....
C'est à faire frémir!

Aline était la fille
Du comte Saint-Aizel;
Et la trouvant gentille,
Un jour un damoisel
Lui dit : ange, je t'aime!
Toi, ne m'aimes-tu pas?
Je veux aujourd'hui même
Ton cœur ou le trépas.

Et la belle, ravie,
Qui brûlait pour Edgard,
Le rappelle à la vie
Par un bien doux regard.
C'était sur la colline;
Le damoisel, sans bruit,
Serra la main d'Aline....
Il faisait déjà nuit.

De son bonheur suprême
Un seigneur fut jaloux,
Et jura par Dieu même
Qu'il mourrait sous ses coups.
Un soir, pendant l'orage,
Le traître, à l'œil hagard,
D'un poignard, dans sa rage,
Perça le cœur d'Edgard.....

Un tonnerre d'applaudissemens couvrit les derniers mots de la romance.

— Quel talent! s'écriaient les uns.

— Quelle belle voix! s'écriaient les autres.

Et tout le monde claquait des mains.

On demanda ensuite des couplets sur mille sujets divers; on demanda des vers sur *la mort de Napoléon;* on proposa des bouts-rimés, etc., etc., les artistes s'en acquittèrent avec un bonheur incroyable.

Et pour terminer la séance, les improvisateurs charlatans présentèrent un vase au public, dans lequel chacun devait déposer un sujet quelconque.

Le vase fut bientôt rempli de petits carrés de papier; Octave appela un enfant qui prit au hasard un des carrés; Octave l'ouvrit en présence de quelques spectateurs, et lut : au clair de la lune, *ballade.* C'était infaillible, puisque le clerc de notaire avait à lui seul mis au-dessus du vase plus de cent morceaux de papier sur lesquels était écrit : au clair de la lune, *ballade.*

La toile fut baissée; et quand elle remonta, l'étonnement du public fut à son comble; Octave était assis sous un arbre, près de Lénore, et Paul, déguisé en vieux barde, s'approchait d'eux.

Octave chanta lentement en le regardant :

> Au clair de la lune
> Et par ce beau soir,
> Auprès de ma brune,
> Barde, viens t'asseoir.
> Là, sous la feuillée,
> Viens rire, ô flanour ;

PAUL.

> Ma vie effeuillée
> Se ferme au bonheur.

OCTAVE.

> Au clair de la lune,
> Barde, prends ton luth,
> Et viens à ma brune
> Offrir ton salut :
> Par quelque ballade,
> Viens la transporter :

PAUL.

> Mon âme est malade,
> Je ne puis chanter.

OCTAVE.

Au clair de la lune,
Quoi! vieux troubadour,
Tu n'as pour ma brune
Un seul chant d'amour,
Et ma bien aimée
Devrait t'embraser :

PAUL, *embrassant Lénore.*

Sa bouche embaumée
Aura mon baiser.

OCTAVE.

Au clair de la lune,
Prédis l'avenir,
Et laisse à ma brune
Un doux souvenir :

PAUL, *s'en allant.*

L'amour est la coupe
Des douces faveurs;
Souvent elle coupe
La lèvre aux buveurs.

Là se termina la séance d'improvisation; et tous les habitans de la petite ville, que nous ne nommerons pas par respect, quittèrent le spectacle émerveillés. —

Le lendemain le colonel Edouard d'Ermon disparut de l'hôtel avec Lénore et
Clara.

— Je te l'avais bien dit, mon ami Paul,
dit Anatole à ce dernier.

— J'aime mieux perdre une grisette qu'un
bol de punch, répondit Paul qui lorgnait
une jeune campagnarde. —

CHAPITRE V.

Malgré nos prières, Fiscaro s'est
refusé obstinément à nous donner
une épigraphe

Un anonyme à Camille.

—

Enfin il est donc parti, ce jeune homme aux cheveux noirs, ce jeune homme à la taille élancée, ce jeune romantique dont les regards frappaient comme des jets de flamme sur votre cœur de jeune vierge.

Il est parti !..... comme ce mot vient

tomber lourdement sur vos illusions si fraîches et si dorées; il est parti, lui qui vous fit rêver avec extase, depuis deux mois, l'amour idéal et tous ses prestiges; il est parti, et vous l'avez vu pour la dernière fois.

Pauvre Camille! si jeune et déjà être réduite à vivre de souvenirs, je vous plains; car vous êtes si belle et vous l'avez aimé avec tant de candeur. Je sais qu'il vous sera doux de penser à lui; vous le verrez encore dans vos rêves, avec un sourire pour vous, avec un regard pour vous, avec un cœur pour vous, et tandis que vous ne penserez qu'à lui, Octave, l'oublieux Octave trouvera qu'il est bien doux de danser les boléros, les fandangos, avec quelques brunes Andalouses, au joyeux son des castagnettes; ou bien d'aller donner des sérénades aux jeunes filles de Cordoue, de Séville.

Adieu donc à ces délicieux rendez-vous près de la statue au bras brisé, vous savez, là-bas dans le jardin du Luxembourg. Adieu donc à ces doux instans où ses sermens d'amour paraissaient si vrais, si naïfs, à ces doux instans où vous passiez vos doigts roses, vos doigts effilés dans ses cheveux d'un air si caressant.

Vous savez que par un beau soir du mois de mai il glissa sa bague chatoyante à votre doigt, et qu'en échange il prit la vôtre; oui, vous savez cela; mais vous ignorez que votre bague est au mont de piété. Octave le sentimental, Octave le passionné, était si pauvre, que sans ce moyen honnête, il n'aurait pu, peut-être, aller voir les Andalouses.

Et vous, Camille, vous avez précieusement conservé la bague d'Octave; et pendant que l'indigne portait la vôtre au mont de piété, vous placiez peut-être la sienne sur votre cœur, vous l'a baisiez peut-être.

Vous vous rappelerez toujours cette nuit, quand vous dormiez pure et candide d'un doux sommeil d'innocence; quand assis près de votre lit, l'œil enflammé, le cœur bouillant, il contemplait avec extase vos beaux cheveux noirs, votre frais visage de jeune fille; quand son regard perçait avec les reflets de la veilleuse l'obscurité qui entourait votre corps si gracieux et si rose.

Vous vous rappellerez aussi cette autre nuit quand l'orage grondait au-dessus de vous, quand la pluie battait contre vos vitraux, quand les éclairs brillaient dans votre chambre. Oh! la belle nuit, malgré le tonnerre, la pluie et les éclairs, l'heureuse nuit d'amour! L'heure de délice, quand sa main pressait votre taille, quand sa voix mielleuse vous disait : mon ange! Quand ses lèvres brûlantes imprimaient sur votre front des baisers dont l'empreinte ne s'effacera jamais.

Adieu, Camille, je prie Dieu qu'Octave réponde aux jolies lettres que vous allez lui écrire.

Camille à Octave.

—

Je ne sais ce que j'éprouve depuis ton départ, mais je ne dors plus; au magasin, on me trouve triste, distraite et ennuyeuse.

Je suis allée ce soir au jardin du Luxembourg; mais tu n'y étais pas, et j'ai senti deux larmes brûlantes s'échapper de mes yeux.

Ma protectrice s'est enfin décidée à cesser sa vie d'opprobre et de prostitution; elle va fuir Paris pour aller habiter un village isolé, où elle veut rester inconnue.

Hier, comme je sortais du magasin, j'ai rencontré Saint-Faust; il m'a saluée, il m'a fait des complimens à n'en pas finir; et malgré mon accueil froid, mon air ironique, il m'a offert son bras; je l'ai refusé bien positivement; et pendant qu'il insistait, je me suis enfuie.

A propos, j'ai reçu ce matin une bien singulière lettre; elle n'est pas signée, je suppose qu'elle vient de Saint-Faust. Je ne conçois pas comment il ait pu savoir tout ce qu'il écrit; il faut que tu lui en aies dit quelque chose, cependant je sais que tu le méprises trop pour cela. Depuis hier mille idées me passent par la tête à ce sujet; je t'envoie cette étrange lettre, tu m'expliqueras l'énigme.

Vous êtes un méchant, Monsieur; huit

jours sans m'écrire ! Répondez-moi de suite, ou bien je croirai à la lettre anonyme. Va, je t'aime trop pour avoir des doutes.

Louise, une de mes jeunes amies, vient de mourir du choléra.

J'embrasse Lénore.

Octave à Camille.

—

Enfin nous voilà sur les frontières d'Espagne; nous avons essayé de jouer la comédie, d'improviser, comme je te l'avais dit; mais cela ne nous a réussi qu'une fois. Lénore et Clara se sont passionnées pour un certain colonel, ou plutôt pour sa fortune, et nous ont quittés; Paul en fut colère pendant quelques jours; Anatole en fut triste, car il se sentait quelque penchant pour Clara. Mais les landes que nous avons traversées, les montagnes des Pyrénées que nous apercevons déjà, leur font oublier tout sentiment d'amour et de jalousie. Le plus à plaindre des trois, c'est moi, oui, c'est moi; car plus je m'éloigne de toi, plus mon amour est violent : je crois que j'en deviendrai fou.

Je suis entré dans une fureur de damné en voyant la lettre que Saint-Faust t'a *fait* écrire : je prévois qu'il va chercher à se venger de tes dédains et de la mystification dont nous l'avons accablé il y a quelque temps; il va employer tous les moyens possibles pour détruire cet amour qui fait notre bonheur; mais je connais trop ton cœur, et je n'ai nulle crainte.

J'avais un agenda, seul dépositaire de mes secrets d'amour; je l'ai perdu le jour de mon départ; Saint-Faust, mon mauvais génie, l'aura trouvé, et tu devines comme moi pourquoi il t'a parlé de nos rendez-vous, de cette nuit..... etc., etc. Je lui écris aujourd'hui même pour l'inviter à cacher soigneusement mon agenda, s'il ne veut pas être traîné dans la boue à mon retour d'Espagne.

Je te demande mille pardons de ne pas t'avoir écrit; mais j'avais une lettre commencée quand je reçus la tienne.

Anatole est souffrant, une teinte sombre s'est répandue sur son visage, je le crois poitrinaire. C'est en vain que nous l'engageons à prendre une voiture, il s'y refuse obstinément.

Paul est bien le contraste de nous deux Anatole. Hier, nous sommes passés dans un petit village de l'Ariège : c'était la fête, il s'est mis à danser jusqu'à minuit; aujourd'hui, vers huit heures du matin, il est venu nous retrouver, fort heureux, disait-il, d'avoir passé la nuit sur un tas de foin odorant, avec je ne sais quelle villageoise. Il a toujours la tête tellement à l'envers, qu'il nous proposait, ces jours derniers, d'aller à la porte Saint-Martin voir jouer la Tour de Nesle : l'heureux jeune homme !

A notre Lectrice.

—

Vous croyez ingénument, notre aimable lectrice, que Camille recevra la lettre d'Octave, mais nous sommes bien fâché de vous dire que vous vous trompez complètement. Camille ne recevra certainement pas cette lettre, ni les suivantes; et cela, pour une raison que nous aurons l'extrême complaisance de vous expliquer :

Vous souvient-il qu'une belle nuit, à l'heure effrayante où l'airain frémit douze fois, nous sommes allé jeter un regard dans la chambre de Saint-Faust ; c'était à l'instant même où l'indigne, agité par de graves projets de vengeance, jura qu'il se vengerait d'Octave. Si vous avez lu notre livre avec toute l'attention qu'il mérite, vous savez pourquoi Saint-Faust fit un serment de vengeance.

Un serment de vengeance!.... Vous savez avec quel acharnement on en poursuit l'exécution. Nous disons *vous savez*, pourtant nous ne prétendons pas que votre jeune âme ait déjà été agitée par cette noire passion; vous êtes trop belle et trop pure ! mais c'est que nous ne doutons pas que vous n'ayez déjà fait une étude profonde du cœur humain, et que vos sages observations ne vous aient fait découvrir et connaître à fond tous les ressorts qui nous font agir, nous, hommes perfides et misérables.

A NOTRE LECTRICE.

Donc Saint-Faust avait formé des projets de vengeance contre Octave.

Ces projets de vengeance formés, Saint-Faust médita.

Et le résultat de ses méditations fut qu'il fallait éteindre l'amour de Camille pour Octave;

Et par la suite, le voyage en Espagne lui fournit une occasion favorable ; il ne s'agissait plus que d'intercepter les lettres d'Octave à Camille. — Abominable combinaison. —

Et non seulement Saint-Faust s'arrêta à ce projet, mais encore il l'exécuta, il trouva le moyen de s'emparer de toutes les lettres qu'Octave adressait à Camille.

Maintenant vous allez nous demander quel est le moyen employé par Saint-Faust;

Nous excusons facilement votre curiosité, d'autant plus que nous l'avons aussi éprouvée; mais ce moyen est un secret qui nous a été confié à nous seul, et que d'honneur nous ne pouvons vous dire; car, malgré toute la confiance que nous avons en vous, nous ne vous connaissons pas encore assez pour être sûr d'une discrétion à toute épreuve.

Nous n'en causerons pas davantage avec vous, nous savons qu'il n'est pas très-prudent de parler long-temps à une jolie femme qui veut savoir un secret, quand on a la résolution de le lui cacher.

Camille à Octave.

—

J'ai attendu avec impatience une réponse de toi; plus d'un mois s'est écoulé, et rien, rien.....

Sais-tu que c'est bien mal, me faire attendre si long-temps! moi, pauvre jeune fille, qui ne rêve, qui ne pense qu'à toi.

J'ai revu Lénore et Clara; elles sont toutes

deux entretenues par le colonel Edouard d'Ermon; tu l'as vu, il me paraît assez aimable. Imagine-toi que depuis huit jours il emploie tous les moyens pour me faire la cour : cadeaux magnifiques, billets doux sur papier azuré, promesses, sermens; mais je ris dédaigneusement de tout cela. Tous les jours il vient m'ennuyer au magasin, et deux fois déjà je me suis trouvée obligée d'accepter sa voiture pour retourner à l'hôtel de Malte; mais Lénore était avec nous. Il me proposait encore hier d'aller passer la belle saison au château de Saint-Firmin; tu penses bien que je lui dis toujours non.

Lénore a tout-à-fait oublié Paul; elle me parle de lui comme d'un jeune homme qui lui aurait seulement serré la main dans une réunion.

Quand Clara me parle d'Anatole, je lis sur sa figure un certain plaisir de le revoir, un certain bonheur de penser à lui.

J'attends une lettre avec anxiété; la prédiction anonyme se réaliserait-elle? ou bien es-tu malade?.... je ne sais, mais je souffre.

Octave à Camille.

—

Nous sommes arrivés à Malaga. J'ai vu ma mère pour la première fois de ma vie; la pauvre femme a failli mourir de joie quand je me suis jeté dans ses bras. Elle est belle, ma mère, Camille, ses cheveux sont noirs comme les tiens, ses yeux sont noirs comme mes yeux. Qu'elle est heureuse d'embrasser son fils tous les jours, toutes les heures, toutes les minutes ; et moi aussi, je suis heureux, — quand je ne pense pas à toi. — Ma mère est pâle, elle souffre ; déjà plusieurs fois je l'ai surprise à pleurer, je n'ose l'interroger. Elle désirerait que je ne la quittasse plus ; et cependant, dans quarante-cinq jours, je serai à Paris, près de toi, mon bon ange ; j'irai encore m'énivrer de tes regards, écouter ta fraîche voix de jeune fille, rêver avec toi un avenir doré.

Je n'aime pas ton colonel Edouard d'Ermon ; je sais qu'il est aimable, mais si tu connaissais, si tu savais ses amours ignobles ; si tu pouvais lire dans son cœur, dans sa pensée ; si tu devinais ses projets infâmes ; si on t'avait parlé des nuits d'orgie qu'il a passées au milieu d'un flot de prostituées, oh ! tu le trouverais horrible, tu trouverais son sourire affreux, et tu verrais sur ses lèvres l'empreinte de ses sâles débauches. prends garde, Camille, chacun de ses regards a un but infâme ; d'ailleurs tu as l'exemple de Lénore et de Clara devant les yeux. J'ai appris avec peine que tu avais accepté sa voiture, qu'il allait tous les jours au magasin, et que tu le trouvais aimable.

Anatole est malade, peut-être n'est-ce que la fatigue; mais sa pâleur a quelque chose de si livide, ses traits sont si décomposés, que nous craignons un malheur.

La maison que nous habitons est à quelque distance de Malaga; elle est située entre deux montagnes à pic, dans une vallée fraîche et délicieuse. Les orangers, les citronniers balancent autour de notre demeure leurs têtes majestueuses A l'heure où je t'écris, je respire avec délices l'odeur d'un oranger encore fleuri qui ombrage ma fenêtre. Il me semble que je devrais être heureux à la vue d'un ciel si pur, d'un soleil si joyeux, à la vue d'une nature si suave et si belle; mais quand je pense à toi, tout cela me paraît bien triste, bien prosaïque.

Paul est en ce moment sur la crête de la montagne qui s'élève à droite de notre demeure; depuis quelques minutes il fixe attentivement je ne sais quoi. Il n'est pas changé; il n'est pas triste, lui : c'est toujours Paul le joyeux, Paul le fou, Paul l'insoucieux. Il doit aller ce soir à Malaga pour chercher, dit-il, une aventure quelconque. Dieu l'accompagne et veille sur lui!

Moi, j'irai ce soir penser à toi au fond de la vallée.

Adieu, ma Camille, Anatole m'appelle depuis une demi-heure; je cours le consoler un peu, je cours lui parler peinture, lui parler de la France, des musées, des ateliers, et dire avec lui que Tony Johannot chicque bien une vignette.

CHAPITRE VI.

Oh ! le ciel de l'Andalousie et
l'amour d'une Française, ce serait le paradis dans ce monde.

Alex. *Dumas.*

Le bonheur nous vient en dormant.

Chanson.

Cette nuit, pendant mon sommeil,
Je rêvais qu'une blonde au visage vermeil,
Penchait sa bouche sur ma bouche......

Caprices de *Paul.*

Dans la Vallée.

—

Et le soir, comme Octave l'avait écrit à Camille, il s'avança lentement vers le fond de la silencieuse vallée.

Le cœur ouvert aux douces émotions, l'âme rêveuse et pleine de poésie, il s'écriait avec extase :

— Si Camille était là ! et il baissa la tête tristement ;

Car Camille n'était pas là.....

Puis il regarda autour de lui, et l'Andalousie lui parut un désert dans lequel il se trouvait isolé.

Et s'il s'était trouvé avec Camille dans les déserts de l'Afrique, il se serait écrié : quel beau pays !

Oh ! Camille, c'était sa poésie, ses rêves dorés, sa vie idéale ; sans Camille, tout lui paraissait pâle et triste.

Il venait de s'asseoir ; et le front rempli d'idées aussi noires que l'encre qui nous sert, il pencha sa tête contre le tronc d'un oranger, et s'endormit.

Et il voyait une jeune fille à la taille svelte, à la robe rose, au chapeau vert, au schal nuancé de rouge et de jaune, qui s'avançait vers lui.

Quand elle se fut approchée, il crut entendre prononcer son nom.

— C'est ma chérie, pensa-t-il avec un frémissement de joie.

La jeune fille se pencha vers lui, s'assit sur ses genoux, et lui dit d'une voix tremblante :

— Octave !

— Camille, c'est bien toi, c'est bien ton œil bleu, ta bouche gracieuse, ton sourire d'ange.

— Dis, que je suis bonne de venir en Andalousie pour te voir ?

Et Camille approchait ses lèvres de la bouche du jeune homme.

Octave y suspendait les siennes et puisait dans un lent baiser, un bonheur, une volupté ineffable.

— C'est trop de joie ! disait-il ; tout-à-l'heure j'aurais donné ma vie au diable, aux flammes de l'enfer, pour rester un instant avec toi sous cet oranger.... Oh ! j'en mourrai, je crois.

— Fou ! non, tu ne mourras pas ; mais tu vivras toujours pour m'aimer, pour m'appeler ton ange, n'est-ce pas ?

— Oui, toujours !

— J'ai bien souffert depuis l'instant où

je t'ai quitté. Vois, mes joues étaient roses, autrefois....; maintenant, c'est une pâleur! et mes yeux, vois comme ils ont pleuré....

— Pauvre Camille! va, les pleurs embellissent. Tu pleurais, et j'étais assez fou pour être jaloux de ce colonel Edouard d'Ermon.

Et Octave serrait avec transport Camille dans ses bras; elle s'abandonnait sans résistance à ses baisers, à ses voluptueuses caresses, et tous deux étaient ivres de bonheur.....

Le bonheur nous vient en dormant.

Puis Octave voyait passer trois personnes devant eux. Il y avait un homme et deux femmes. L'homme, c'était le colonel Edouard d'Ermon; les deux femmes, c'étaient Anna, l'Espagnole, et Marie, la prostituée.

Octave les entendait dire ensemble : voilà nos enfans.....

Il s'éveilla, et tout avait disparu; le rêve s'était brisé comme une bulle de savon qui rencontre une bouffée de vent.

Oh! fit-il, pourquoi me suis-je éveillé!

Il faisait nuit, et la tête encore pleine de son rêve, il s'achemina vers la maison de sa mère.

Mais il s'était trompé de chemin, et après avoir marché pendant une heure, il arriva près d'un vieux château dont il admira les débris à la clarté de la lune. N'était-ce pas bien romanesque pour lui.

Puis il s'avança vers un champ de figuiers.

CHAPITRE VII.

Au milieu de ces ossemens,
La folle, aux peines condamnée,
Lamente, en longs gémissemens,
Sa malheureuse destinée.

— *Théophile.* —

Thérésa la folle.

—

Dans ce temps-là, Thérésa la folle sortait tous les soirs, vêtue d'une robe blanche, et les épaules couvertes par sa chevelure noire et ondoyante; elle venait pleurer et rire dans son champ de figuiers.

Octave passa près du champ de figuiers

et s'arrêta pour en contempler les feuilles larges, épaisses et mystérieuses.

Oh! si nous avions d'aussi beaux figuiers en France, s'écriait-il en cueillant une figue et la portant à sa bouche.

Il ne la mangea pas, nous vous prions de le croire; car à peine l'avait-il sous les dents, que Thérésa, écartant doucement les feuilles de figuiers, s'offrit à sa vue. Il fit un saut en arrière; mais la douce figure, le doux regard de Thérésa, le rassura.

— Vous êtes Français, lui disait-elle, quel bonheur! — Venez, venez, il fait nuit, vous êtes trop éloigné de Malaga. Venez, j'aime tant les Français! Elle prit la main d'Octave et l'entraîna.

Le jeune homme frissonna en sentant la main froide de Thérésa. C'est un fantôme, disait-il tout bas; c'est un fantôme au linceul blanc, un fantôme andaloux, et mille ombres confuses se dessinaient à ses yeux.

Quand Thérésa l'eut attiré sous les figuiers, elle l'embrassa avec une sorte de frénésie. — Oh! que j'aime les Français.....

Oh! que j'aime les Français, disait-elle d'une voix tremblante de joie, et serrant convulsivement Octave dans ses bras.

Ses baisers brûlans avaient ranimé le jeune homme; il l'embrassait à son tour et s'abandonnait à tous les transports d'un amour neuf et fantastique : ils se serraient tous deux avec tant de force qu'ils s'étouffaient.

Bientôt une clarté magique frappa les regards d'Octave : la terre s'ouvrait sous eux; et les bras entrelacés, ils descendaient lentement comme deux nuages qui se touchent, qui se pressent, poussés par une brise d'été.

Ils s'arrêtèrent sur un pavé froid et humide; Thérésa se dégagea avec une espèce de dégoût des bras d'Octave.

— Voilà ma demeure, lui cria-t-elle d'une voix dramatique. — Vois-tu ces cadavres pendus par les pieds, ce sont des Français. Oh! que j'aime les Français! —

Un sourire ironique, plein de fiel, contracta la bouche épanouie de Thérésa la folle.

Octave poussa un cri horrible et mit sa main sur ses yeux.

Elle était affreuse, la demeure de Thérésa. Quelques lampes y jetaient une clarté terne qui se reflétait sur huit cadavres......; cinq étaient décharnés.

Oh! comme tout cela brisait la scène harmonieuse qui venait de se passer sous les figuiers!

— Viens, disait Thérésa à Octave, toujours avec un sourire ironique, viens sur ce banc de pierre t'asseoir près de moi, que je te dise pourquoi je leur ai arraché les yeux, pourquoi je les ai pendus, viens.

Octave s'approchait en claquant des dents.

— Jeune homme, continua Thérésa dont le visage s'animait d'une expression céleste, tu ne connais pas tout ce qu'il y a de grand, de beau, dans un amour d'Andalouse; tu ne sais pas que ce beau mot d'amour est gravé en lettres de flamme dans nos pensées, dans nos âmes, partout, depuis le matin jusqu'au soir de la vie.

Tu te souviens encore du champ de figuiers où tu m'as trouvée si folle ; eh bien ! as-tu jamais senti battre le cœur des Françaises comme le mien ? Oh ! le cœur d'une Andalouse, c'est un enfer ; mais tu n'en sentiras jamais le feu, car tes grisettes françaises t'ont blasé.

Il n'était pas blasé, lui, Andréa ; il m'a donné tout ce qu'il avait d'amour, ses regards, ses pensées. Oh ! je l'aimais tant aussi, que s'il ne m'eut pas idolâtrée, je l'eusse tué.

— Je vous aime beaucoup, moi, dit Octave, en interrompant Thérésa ;

— Merci de ton amour, poursuit-elle, en faisant une petite moue ; il y a une heure que tu contemplais un vieux château : c'était là que nous passions une belle vie, c'était là que j'étais jalouse de la brise qui lui caressait les cheveux.

Par une belle et pure journée, nous nous avancions vers l'église de Malaga ; la joie rayonnait sur nos visages, c'était le jour de nos noces.

Andréa finissait à peine de me jurer devant Dieu un amour sans bornes, quand un bruit de guerre retentit dans l'église; des hommes ignobles s'y précipitèrent......, c'étaient des Français

— Ignobles! s'écria Octave.

— Silence, lui dit Thérésa d'une voix solennelle, en lui montrant les pendus. Oui, j'allais être heureuse pour toujours, quand des hommes ignobles l'arrachèrent de mes bras et le mutilèrent à mes yeux mourans. Tiens, viens voir comme ils étaient cruels.

Octave la suivit, tous ses nerfs étaient agités; elle prit une lampe et s'avança vers une petite porte grillée.

— Regarde, lui dit-elle, à travers ces barreaux, et fais silence.

Octave regarda......

— Vois-tu, reprit Thérésa, ils lui ont crevé les yeux, ils lui ont coupé la langue et les bras. Autrefois, je pouvais m'énivrer de ses regards; autrefois il me disait : je t'aime, il me serrait la main.... et maintenant, rien.... rien.... Oh! les cruels; à peine s'il me répond par un léger mouvement.

Elle l'appela.

Le malheureux se traîna sur la paille jusqu'à la porte de fer, et tendit ce qui lui restait de bras; Thérésa le caressa avec sa belle main.

— Ange, je t'aime toujours, lui disait-elle.

— Pardieu, voilà un bel ange, pensa Octave.

Et sur la figure affreuse d'Andréa, un sourire se dessinait encore. Oh! que ce sourire-là faisait mal à Octave. Un sourire sur la figure d'Andréa, c'était le rayon de soleil qui scintille au milieu d'un ciel noir et orageux.

Thérésa s'éloigna un instant, elle reparut.... Elle apportait à son amant un morceau de chair humaine, noirci de sang caillé.

— Mange, dit-elle, mon pauvre Andréa; mange, c'est du Français.....

Octave laissa tomber un regard d'insensé sur le malheureux; il portait le morceau à sa bouche, et déchirait d'énormes lambeaux de chair avec ses dents canines; le sang écumait de sa bouche, et bavait lourdement sous sa poitrine, et tous les nerfs qui résistaient lui faisaient faire des ricannemens affreux.

— Adieu, Ange, lui dit alors Thérésa.

Il avança le front entre deux barreaux, et Thérésa y déposa un baiser.

Puis, regardant Octave qui se soutenait contre le mur, — Viens, retournons là-bas, lui dit-elle d'une voix sourde, je souffre trop ici; viens, et écoute encore :

— Deux jours après, je l'ai retrouvé déchiré, brisé, mourant, plus horrible encore qu'aujourd'hui. Alors il souffrait comme un damné; ses blessures étaient nouvelles, et les rayons du soleil frappaient dessus comme des jets de flamme.

Tant de malheurs et de souffrances l'avaient rendu fou; il me reconnut à peine. Il tenait sous l'aisselle du bras droit une tête d'homme dont il avait mangé les chairs. Je le fis transporter dans notre demeure; mais il était furieux et brisait tout; je me vis forcée de l'enfermer ici; il fut long-temps sans vouloir rien prendre; il allait mourir de faim; je me suis rappelée qu'il avait rongé la tête qu'il tenait sous l'aisselle quand je l'ai retrouvé, et je me suis empressée de lui faire apporter un Français qui venait d'être tué près du château; aussitôt que ce dernier fut dans sa prison, il se rua dessus et le déchira entre ses dents.

— C'est affreux! horrible!

— Silence, s'écria Thérésa d'une voix perçante, et montrant toujours les pendus à Octave : depuis ce jour, continua-t-elle, je le nourris de chair humaine; et lorsque je lui en donne, j'ai toujours soin de lui dire : c'est du Français...., car il n'aime pas l'Espagnol.

Et moi, pour me venger des Français, chaque fois que j'en vois un, je l'entraîne ici, et....

Thérésa lança un regard à Octave, qui

se sentit glacé jusque dans la moëlle des os.

— Mais je suis bien fou, lui dit Octave en prenant une attitude guerrière, je suis bien fou de te craindre, toi, *faible femme*....

Il parcourut des yeux le caveau, et se tut tout-à-coup; il ne voyait aucune issue.

Thérésa se mit à rire.

— Tu crois, lui dit-elle, tu crois pouvoir t'échapper, non, non....; et dans quelques jours..... Vois-tu ces cadavres, tu parais douter encore; eh bien! vois quelle est ma puissance.

Elle sonna une petite clochette en criant: pendus, amusez-vous, et bientôt les os des cinq cadavres décharnés firent une musique infernale en se frappant les uns contre les autres : c'était comme des saucisses de bois pendues à la porte d'un charcutier, lorsqu'elles sont agitées par le vent.

— Oui, tu mourras, reprit Thérésa; et surtout, ne vas pas croire que c'était par amour, par plaisir, que je m'abandonnais à toi dans le champ de figuiers; non, c'était pour t'entraîner ici, c'était pour donner ton corps à Andréa. Ce pauvre Andréa, il sera si content; car tu es frais et jeune, toi.

Je vais te laisser seul un instant; recueille-toi, et prie pour ta mère, pour ton amante, si tu en as une; je vais aller chercher mes pendeurs.

Thérésa alla se placer sur un fauteuil dans le coin du caveau. Le fauteuil parut s'animer sous le poids de son beau corps, et Octave le vit monter et passer par une trappe.

— Espagne infernale, se disait-il, en sortirai-je. Il s'avança vers l'endroit où il était descendu avec Thérésa, et vit une espèce de lit sous lequel passait une corde attachée au haut du caveau.

— Ah! je vois toute la magie, s'écria-t-il avec joie, et il examina le ressort qui devait faire monter la corde; il le lâcha, la poulie tourna, et il courut se jeter sur le lit.

Le lit montait, et les os des pendus clicottaient toujours.

Il allait arriver au haut, quand un obstacle se rencontra; une grille de fer s'opposait à son passage.

Malédiction ! s'écria-t-il en se crispant sur le lit. — Andalouse maudite ! — J'étais pourtant heureux en descendant ; oh ! maintenant, cette musique qui me tue, ces cadavres puans ; et puis cette pensée d'être aussi pendu par les pieds....

Il passa ses mains entre la grille, l'ébranla avec rage, et s'y pendit fortement. Crac, crac, la grille s'ouvre ; et au même instant, le lit, la corde, la poulie, tout tombe dans le caveau, et voilà Octave pendu par les mains à la grille.

— Tu devais l'être par les pieds, s'écria Thérésa qui reparut alors aux yeux d'Octave, et elle ricanait, la folle !

— Ah ! mon mignon, tu voulais me quitter sans me dire adieu ; tu voulais retourner près des Françaises ! Leur aurais-tu parlé de moi, leur aurais-tu parlé de Thérésa la folle, la pendeuse d'hommes ?....

Elle s'arrêta tout-à-coup et pâlit.

Octave était parvenu à attraper le dernier barreau de la grille ; et un dernier effort, il se trouvait dans le champ de figuiers. Ce dernier effort, il le fit; il risqua tout, il s'accrocha à une racine, et Thérésa l'entendit pousser le oh ! joyeux de l'homme qui échappe à un danger imminent.

Et Octave entendit le râle du désespoir qui partait de la gorge de Thérésa.

Prenant une voix douce : — Ange, lui disait-elle,

— Ange, lui répondit Octave.

— Attends-moi dans le champ de figuiers, je t'aime, je veux encore t'embrasser.

— Merci de ton amour et de tes baisers.

— Octave! Octave! Octave!

Octave courait comme un lièvre vers la demeure de sa mère.

CHAPITRE VIII.

Son âme s'envole, elle emporte avec elle une pensée de gloire. Pauvre jeune homme !

J.

Oh ! quelle triste pensée ! Mourir obscur quand la gloire lui tendait la main.

Tyndale.

Anatole.

—

La vie d'Anatole ressemblait à une jeune plante desséchée par un souffle impur. Paris avait desséché la vie d'Anatole.

Anatole avait aimé les grisettes, les nuits d'orgie et toutes ces folies de jeune homme qui tuent, qui écrasent.

Les déceptions étaient venues avec leur sourire amer, et toutes ses illusions s'effaçaient sous l'accablante image de la réalité.

Une seule illusion, la plus douce, la plus belle des illusions, lui apparaissait encore avec tous ses prestiges, et jetait une teinte rose dans son imagination.

Mais la mort....., la mort devait la détruire, cette dernière illusion.

Anatole avait une âme de feu, une âme d'artiste d'où jaillissaient des étincelles de génie; Anatole avait rêvé un grand nom; il il s'était consacré à la peinture; il s'était passionné pour cet art, et plus d'une fois on l'avait surpris par une longue nuit d'hiver, grelottant de froid. — Anatole était pauvre; — l'œil enflammé, et le front animé d'une expression superbe, on l'avait surpris devant une ébauche de la scène de Charles-Quint sur le tombeau de Charlemagne, dans Hernani.

Son ouvrage achevé, il avait essayé de le vendre; mais comme son nom était inconnu, on lui en avait offert une somme qui l'avait indigné.

Il avait conservé précieusement son premier ouvrage, et depuis un an, il avait pris une nouvelle route; il avait fait force caricatures dont le modeste produit l'avait fait vivre en artiste.

Il avait saisi avec empressement l'occasion de voir l'Espagne avec ses beaux sites, ses hautes montagnes, ses fraîches et délicieuses vallées, ses femmes si blanches et si brunes; il avait vu l'Espagne, ses montagnes, ses vallées, ses femmes, mais quelle amère déception! que l'idée qu'il s'était faite de l'Espagne était loin de la réalité!

Son séjour chez la mère d'Octave commençait à l'ennuyer; il voulait retourner en France, et il fallait toute la gaîté de Paul, toute l'amitié d'Octave et d'Anna pour le retenir.

Anatole voulait retourner en France; car il se sentait plus faible de jour en jour : un lent poison lui déchirait la poitrine depuis ses nuits d'orgie; et ce soleil d'Espagne, cette nouvelle atmosphère et cette espèce d'isolement qu'éprouve le voyageur loin de sa patrie, semblaient se joindre au poison qui le minait, pour arrêter les sources de sa vie.

Il se sentait mourir ; et depuis huit jours, il restait au lit, ne mangeait plus ; il était atteint d'une fièvre brûlante, d'une fièvre mortelle, et déjà il avait lu sa mort dans les yeux du docteur qui le soignait.

Un matin, c'était le lendemain du jour où Octave avait été rêver de Camille au fond de la vallée ; c'était quelques heures après qu'Octave avait tremblé près de Thérésa la folle. — Il faisait à peine jour ; Anatole se lève sans avoir dormi un seul instant de la nuit, descend avec précaution, son album sous le bras, de la demeura d'Anna, crainte d'éveiller la garde qui le soignait, et qui s'était endormie comme une bienheureuse, et sort.

La veille, Paul avait été lorgner les ruines du château de Thérésa la folle ; il en avait fait une belle et poétique description à Anatole, qui brûlait du désir de dessiner ces ruines.

Mais, pour saisir la vue la plus pittoresque, il lui fallait gravir une montagne à pic, et cela était au-desus de ses forces.

Arrivé au bas de la montagne, il prit une petite sente peu fréquentée et bordée de citronniers, qui le conduisit, après mille sinuosités, près d'une petite cabane creusée dans un rocher. Cette cabane n'était pas habitée; il y avait dedans un vieux coffre, à moitié pourri, et quelques bottes de paille. Anatole s'y reposa un instant et continua sa route, déjà harrassé, en se disant : ce n'est pas encore là.....

Il arriva au sommet de la montagne, haletant, le cœur palpitant, le front et les cheveux mouillés de sueur, le visage pâle, mais d'une pâleur livide et l'œil terne. Il s'assit sur le gazon, mit son chapeau près de lui, et jeta son premier regard sur les ruines du vieux château, à demi caché par le feuillage mobile des orangers qui l'environnaient. Il ouvrit son album, prit son crayon, et commença un croquis. Il travailla pendant deux heures environ, après lesquelles il tomba épuisé, engourdi, sur le gazon; un froid glacial avait subitement remplacé la sueur brûlante qui le couvrait; l'air du matin était vif, et le soleil dont il invoquait les reflets bienfaisans, était voilé par d'épais nuages.

Il essaya de se relever, mais il retomba lourdement; une fièvre froide lui parcourait le corps; il respirait difficilement, un tremblement convulsif l'agitait.

Il sentit alors que la vie l'abandonnait. — Mourir si jeune, s'écria-t-il; mourir inconnu, et ne pas avoir la consolation d'être enterré dans ma patrie! Ma tombe ici sera sans larmes et sans fleurs; personne ne passera sur l'herbe en pensant à moi... Octave... Paul... accourez, venez... serrer la main à un ami qui meurt... Oh!...

Il souleva sa tête, jeta un dernier regard sur le vieux château et sur son dessin : — c'est bien cela, s'écria-t-il de nouveau d'une voix sourde, creuse, râlante..., et je meurs

sans nom.... Oh!.... Mon Dieu!..........
....

Anatole ! Anatole !

C'était Paul, le joyeux Paul qui criait ainsi.

Et l'écho de la vallée répondit : Anatole ! Anatole !....

— Est-il fou, donc, continua Paul, n'est-il pas assez malade sans venir grimper une pareille montagne; j'arrive de Malaga où je n'ai trouvé nulle aventure, et j'apprends qu'il est disparu. J'ai eu tort aussi de lui faire hier une si magnifique description des ruines de ce vieux château, qui me rappelle toujours cette romance :

— Dans un vieux château de l'Andalousie, —

Je suis assuré qu'il veut le mettre sur son album...... Mais pourvu que ce petit pâtre ne m'ait pas joué un tour; il m'a pourtant bien juré qu'il l'avait vu monter ce matin à cinq heures; mais ce petit diable a l'air si fin, l'œil si noir; je suis peut-être victime de ma bonne foi. Etais-je bête, de croire ce moutard-là et de lui donner dix sous; il me fait passer là un mauvais quart d'heure. Oh! j'étouffe : maudit gamin! me faire grimper une montagne à pic. — Je le noterai dans mes mémoires. —

Paul arriva près de la cabane.

— Tiens! cette cabane est pittoresque, Il faut que j'en parle dans quelque roman, mais je crois distinguer sur cette glisière la forme d'un pied, oui, c'est bien cela.

Anatole! Anatole!

Et l'écho de la vallée répondit : Anatole! Anatole!....

— Il est sans doute descendu, je vais retourner chez madame Anna del Mérino; pardieu! voilà un joli nom! Et Paul se disposait à effectuer ce projet, quand une feuille de papier, que le vent ballottait et poussait vers son côté, vint s'arrêter près de lui.

C'était le dessin du château de Thérésa la folle.

Paul saisit la feuille de papier, l'examina un instant, et se mit à courir comme un fou jusqu'au sommet de la montagne, il aperçut Anatole, s'approcha de lui, se prit à rire et feuilleta son album.

Il dort, pensait-il.....; il a du talent, du génie, j'aime bien cette vignette, voilà un bel effet de lune; c'était triste, vraiment, de le voir cet hiver occupé à faire des caricatures. — Quelle ravissante tête de jeune fille; je suis fou de cette scène villageoise; c'est d'un naturel.... — Et ces frais paysages, — O! mon Dieu! je n'avais pas encore vu ce jeune homme qui se pend avec la chevelure de son amante.... C'est horrible!

— J'ai failli l'être cette nuit, mais avec une bonne corde de chanvre, dit Octave, qui s'était approché doucement jusqu'auprès de Paul.

Il faisait encore nuit quand Octave quitta le champ de figuiers; il était tellement bouleversé, qu'il n'avait pu retrouver son chemin; et il le cherchait encore, quand il aperçut Paul et Anatole.

— Chut! il dort, lui dit Paul en montrant

Anatole. — Tu as failli être pendu, reprit-il à voix basse?

— Oui, je vous dirai cela en route; comment va-t-il, Anatole?

— Il paraît dormir assez tranquillement; il s'est fatigué ce matin; il a voulu monter au haut de cette montagne que je maudirai long-temps.

— Pourquoi?

— Il a eu la fantaisie de vouloir *faire* ces ruines, vois son dessin.

— C'est une très-heureuse fantaisie.

— Oui, pas mal *chicqué*; mais moi, j'aime bien mieux ces Négresses qui récoltent le café; c'est moi qui lui en ai donné l'idée : prends l'album, tu verras.

— Je l'ai vu mille fois. Pourquoi cette feuille est-elle séparée de l'album?

— Je l'ignore, je l'ai trouvée en montant; le vent l'emportait, et je présume qu'Anatole s'étant endormi en tenant cette feuille, le poids de l'album l'aura déchirée.

— Eveillons-le Anatole.

— Oui, il pourrait avoir froid.

Et tandis que Paul admirait la récolte de café, Octave prit un brin d'herbe et le fit tournoyer dans l'oreille d'Anatole; voyant que sa plaisanterie de collégien ne réussissait pas, il changea son plan d'attaque et effleura la lèvre supérieure de son pauvre ami, qui resta immobile.

— Quel sommeil! s'écria Octave, vois donc, Paul?

Paul jeta un regard distrait, et dit à Octave avec effroi :

— Tu ne remarques pas ce visage pâle.... Oh! ciel, Anatole!!!....

Il secoua vivement le bras du mort.

Octave était demeuré anéanti.

— Il est mort!.... s'écrièrent-ils à la fois. Anatole! Anatole!

Et l'écho de la vallée répondit : Anatole! Anatole.......................

. . . .

Anna à Marie.

—

J'ai découvert un fatal secret : mon Octave aime votre Camille comme un fou, et je sais que Camille aime aussi Octave; dites, quel malheur ! Comment allons-nous faire pour étouffer cet amour que la nature, ou plutôt la société repousse.

J'ai vu, sans qu'il le sache, une lettre d'Octave à Camille; j'ai beaucoup interrogé Anatole, son jeune ami, qui vient de mourir poitrinaire, et tout ce que ce pauvre jeune homme m'apprit, m'a bien convaincue de ce que je vous dis.

Je vais essayer de retenir Octave ici; mais je prévois que je ne le pourrai pas, car il manifeste déjà l'envie de retourner à Paris. Lui dirai-je que Camille est sa sœur? Lui dirai-je que le colonel Edouard d'Ermon est son père?... Lui dirai-je que vous, vous, Marie, êtes la mère de Camille? Oh! non, je ne puis lui dire cela; je ne puis lui faire cet aveu terrible qui le ferait mourir.

Adieu Marie, écrivez-moi de suite.

CHAPITRE IX.

Qui sait! je suis peut-être artiste aussi, moi.

Fiscaro.

Saint-Faust, artiste.

—

— Paul, nous allons faire un voyage à Séville, et puis nous retournerons en France.

Voilà ce que disait un matin Octave à Paul, qui répondit en bondissant de joie.

— Oui, un voyage à Séville. Bah! Malaga, c'est une triste ville, c'est tout aussi prosaïque que Toulon. Vive Séville ! je veux m'y faire tuer, si cela m'amuse, pour quelque brune aux yeux passionnés. — Thérésa la folle était-elle brune?

— Je te l'ai déjà dit, brune comme.....

— Ah ! tu ne trouves pas de comparaison, brune comme mes bottes, quand elles sont cirées.

— Pardieu, elle est jolie, ta comparaison.

— Que tu es heureux, d'avoir eu l'occasion de te faire pendre pour une si belle femme;

— Je ne conçois pas trop un tel bonheur.

— Tu es un grand sot, je voudrais bien voir ta Thérésa la folle, moi, je t'assure qu'il faudrait qu'elle me pendît.

— Tu as de singulières idées.

— Je crois à la métempsychose ; et je trouve que rien n'est bête au monde comme d'être moi ou toi. —

Le soir du lendemain, Paul et Octave faisaient résonner leurs éperons aristocrates sur le pavé de Séville. — Ils arrivaient à l'angle d'une rue, quand un grand jeune homme au front étroit, aux lunettes bleues, — vous le reconnaissez, — s'arrêta tout court devant eux.

— C'est toi, Saint-Faust, lui dit Paul,

— Oui, c'est *moi*, répondit Saint-Faust presque tremblant.

— Comment, tu voyages en Espagne?

— Alexandre Dumas voyage bien en Suisse et Alphonse de Lamartine et Eugène Sue en Syrie.

— Tes raisons sont bonnes, en effet, et quel est le but de ton voyage?

— Je voyage en artiste, je viens d'hériter six mille francs de rente!

— L'heureux jeune homme!

— Adieu, Messieurs, nous nous reverrons, je suis pressé. — Je loge à l'hôtel de la Salamandre.

Et Saint-Faust, quoiqu'un peu rassuré, s'éloigna à la hâte.

— Il voyage en artiste, comme Dumas et Lamartine, dit Paul à Octave en partant d'un éclat de rire.

— L'heureux jeune homme! — C'est encore par imitation. — C'est pour dire en arrivant à Paris, — j'ai vu l'Espagne et son beau ciel, j'ai voyagé en artiste.

— L'irons-nous voir?

— Oui, quand ce ne serait que pour le plaisir de lui faire peur; et puis je lui dois un soufflet.

Octave et Paul parcoururent Séville dans tous les sens. Ils arrivèrent à minuit à l'hôtel de la Salamandre, l'un se mourant d'ennui, l'autre se mourant de faim.

— Quelle déception! s'écriait Paul en entrant, ce coquin de Séville, ne pas m'offrir une seule aventure romanesque, c'est à faire mourir de dépit.

Il demanda Saint-Faust; on lui répondit que Saint-Faust était parti le soir même, et qu'il avait laissé un paquet à remettre à ceux qui viendraient pour lui parler. Ce paquet était à l'adresse d'Octave.

Le jeune homme le prit et l'ouvrit quand ils furent rentrés à leur hôtel.

— Malédiction! s'écria Octave : voilà mes

lettres à Camille; l'infâme! Il a bien fait de fuir. Camille! Camille! Que doit-elle penser. C'est lui! Oh! oui, c'est lui qui *fit* écrire la lettre anonyme; c'est lui dont l'infernale machination va briser mes rêves d'amour, mon bonheur, mon avenir doré; mais je me vengerai du lâche; j'avais pensé que c'était le colonel qui les arrêtait, mes lettres; mais non; non, il n'y a au monde que Saint-Faust d'assez lâche pour faire cela. Oh!....

— Faire tant de bruit pour une grisette, pensait Paul en fumant gravement un cigarito.

Camille à Octave.

—

Je vois bien que vous m'oubliez, Monsieur, je l'avais pressenti, et j'étais bien folle de croire à vos promesses, à vos regards, à vos sourires ; oui, j'étais bien folle de croire à votre amour : voilà bientôt trois mois que vous êtes parti, et vous gardez le plus dédaigneux silence.

Je vous ai aimé, oui, Monsieur; je vous ai aimé, je l'avoue encore avec regret, et vous, peut-être en ce moment vous riez de mon amour, vous riez de mes tourmens, de ma bonne foi; mais j'espère à mon tour vous oublier aussi.

Je sais que vous ne reviendrez jamais en France, vous trouvez l'Andalousie si belle! si suave! si parfumée! vous trouvez les Andalouses si brunes et si jolies; vous avez tant de bonheur à vous mirer dans leurs yeux brillans, à reposer votre pensée sous leur sein amoureux; vous trouvez tant d'amour dans leurs regards, tant de grâces dans leurs gestes, tant d'expression dans leur figure! Je sais qu'il en est une, surtout, que je maudis sans connaître, et que vous trouvez aimable, une dont le sourire vous paraît bien doux, une dont les dents sont si blanches, une dont les cheveux sont si noirs; oui, je sais cela, Monsieur; et je sais encore que vous avez avec elle des rendez-vous; je sais encore qu'elle vous a inspiré les plus jolis vers du monde : une lettre de Séville vient de m'apprendre tout cela.

Je vous ai parlé du colonel Edouard d'Ermon ; aujourd'hui, c'est avec une certaine jouissance, un certain amour-propre flatté, que je vous apprends qu'il est toujours assidu à me voir et qu'il veut m'épouser; je ne l'aime pas, il est vrai, comme je vous aimais; ce n'est plus ce premier amour qui m'agitait, me brûlait, me consumait; ce premier amour qui me faisait rêver si délicieusement, non; mais je commence à moins le brusquer; je crois qu'hier je lui ai souri; oui, Monsieur, je lui ai souri; et dans ce sourire, il y avait de la vengeance pour vous et de l'amour pour lui.

Le colonel est riche, il a un grand nom; moi, je suis une pauvre enfant trouvée; il a fait de grandes folies, mais depuis qu'il me connaît, sa vie est exemplaire : je serais bien sotte de rejeter sa demande.

Je pars demain avec lui pour le château

de Saint-Firmin, et peut-être que dans un mois je serai sa femme.

Adieu, Monsieur, puissiez-vous être toujours heureux !

CHAPITRE X.

— Paul, que veut donc dire fantaisie?
— Caprice.
— Mais que signifie caprice?
— Fantaisie.
— Qu'est-ce qu'une fantaisie?
— C'est une fantaisie.
— Et un caprice?
— C'est un caprice.

Définitions.

Fantaisie.

Anna avait remis cette lettre foudroyante à Octave le jour de son retour de Séville; et le lendemain, le jeune homme, exaspéré, s'embarquait avec Paul à Malaga.

Cinq semaines après, il arrivait pâle, l'œil étincelant, dans le village de Saint-Firmin.

C'était la veille des noces du colonel Edouard d'Ermon et de Camille — sa fille. —

Paul trouva qu'il était ennuyeux de faire le voyage de Saint-Firmin; et malgré les instances d'Octave, il alla présenter ses respects à l'hôtel de Malte.

L'hôtel de Malte, soit par rancune pour les espiégleries de Paul, soit pour tout autre cause, fut assez incivil pour ne pas rendre un salut au poète.

Paul s'en consola en fumant un cigarito d'Espagne, et vint nous trouver, nous, son ancien ami; voici ce qu'il nous dit d'abord :

— Je suis un pauvre diable; prends pitié de moi, ou bien je suis perdu.

— Ah! c'est toi, Paul. — Comment, tu es perdu?

— C'est-à-dire que je n'aurai plus le bonheur de rester oisif si tu me repousses.

— Assieds-toi, tu sais bien.....

— J'ai pensé qu'il te serait agréable d'avoir quelqu'un pour coucher avec toi;

— Ah diable! pensâmes-nous, et Lénore;

— Car, continua Paul, il fait si froid dans ta France maudite; et puis on n'est pas effrayé par des visions fantastiques; on ne craint pas les voleurs.

— Tu es trop bon, vraiment!

— N'est-ce pas que tu seras enchanté de me conduire dans quelques soirées, puis au spectacle. — Joue-t-on encore la tour de Nesle? — Il me faudrait un habit, tu dois être riche, toi; moi, je suis toujours pauvre comme un honnête homme. — A quelle heure dînes-tu? j'ai bien faim.

— A six heures.

— Est-ce classique, de dîner à six heures.

Il n'était encore que trois heures, Lénore entra alors.

Paul la regarda d'un œil étonné.

— Je prévois qu'il faudra coucher à trois dans un lit, nous dit-il avec un sang-froid à damner un Anglais.

— Vous voilà revenu d'Espagne, monsieur Paul, lui dit Lénore en lui lançant un regard oblique.

— Tu connais donc Paul? Lénore,

Lénore essaya de rougir.

— Oui, répondit-elle, un peu.

— Beaucoup, ajouta Paul en faisant la moue. —

A l'heure qu'il est, Paul nous culotte une pipe, et lance des bouffées de fumée dans le nez de notre chien; Fiscaro grogne. Paul, prends garde à toi.

Hier, Paul passa sa journée à donner des prises à notre chien; Fiscaro aime les prises comme les coups de bâton. Paul, prends garde à toi.

Ces jours derniers, Paul s'est amusé à jeter des braises dans la toison de notre chien; Fiscaro a montré ses deux rangées de dents blanches. Paul, prends garde à toi.

Paul nous a promis de s'occuper demain exclusivement à nous chercher des épigraphes; mais nous prévoyons qu'il aimera mieux dormir ou fumer.

Pour le punir, nous ne parlerons plus de lui.

Edouard à Zelphina.

—

Je ne sais quelle idée m'est passée par la tête, mais je vais me marier.

Tu vas m'appeler fou; mais si tu voyais ma fiancée; si tu savais qu'elle est belle et pure, tu verrais que je suis un heureux fou.

Oui, dans deux jours, j'irai faire un serment que je dois briser dans tes bras à mon premier voyage à Paris.

Je présume que tu demeures toujours à l'hôtel de Washington, dans l'appartement que j'ai loué pour toi.

N'oublie pas que tu es à moi pendant deux mois; ne fais pas comme Lénore, c'est bien la femme la plus infidèle que je connaisse.

Au revoir, ma Zelphina, dans quinze jours, peut-être……………………

III.ᵉ PARTIE.

CHAPITRE PREMIER.

Sera puni de la peine des travaux forcés à perpétuité, tout individu coupable de vol commis à l'aide de violence..............
..........si la violence à l'aide de laquelle le vol a été commis a laissé des traces de blessures ou de contusions.

Art. 382 *du code pénal.*

Un crime dans la Cité.

Un homme aux habits en lambeaux, à l'œil cave et sournois, vrai type des *balocheurs* de la Cité, frappa un soir à la porte de Marie ; et comme elle tardait à lui ouvrir :

— Mille millions de tonnerres, lui cria-t-il d'une voix enrouée, m'ouvriras-tu ?

Et Marie, qui reconnut cette voix, s'empressa d'ouvrir.

— Tiens! c'est toi, Georges Picot, dit-elle en éclairant les traits de celui qui avait frappé.

— Je crois bien que c'est moi, répondit Georges Picot en s'asseyant.

— Je ne te vois plus souvent.

— Ah dame! c'est que ma ménagère veille sur moi. — Oh! je suis-t-il échigné.

— J'ignorais que tu eusses une femme;

— Et moi, je sais que c'est ben embêtant d'avoir une femme, surtout la mienne, qui m'a affligé d'une douzaine d'enfans.

Marie poussa un soupir.

— Et que font-ils, tes enfans, Georges?

— Le premier, qu'a quinze ans, est porte au sac; le deuxième est chifonnier; le troisième est ramoneur; le quatrième est décroteur; tous les autres, c'est des gamins, ça ne sait pas gagner sa vie; c'est ben heureux que j'ai de bons bras et que je ne bamboche pas tous les jours; et puis j'ai une fille, celle-là a dix-huit ans, mais ça ne sait pas se conduire : ça avait bel de faire son sort puisqu'elle était-z'actrice et que c'était une beauté ; mais, comme dit ct'autre, elle a trouvé la vertu trop lourde, et un jour elle a vendu son innocence pour quelques malheureuses pièces d'or. Je lui avais pourtant bien dit : conduis-toi bien, suis l'exemple de tes parens, et tu trouveras bien ; mais mes conseils et puis rien, c'était la même chose. Je viens d'apprendre qu'un grand pâle, bien habillé, qu'un je ne sais qui, l'emmène avec lui en province ; la v'là partie sans nous le dire : ah ! ben oui, elle a ben pensé à cela, je t'en donne !

— Comment s'appelle ta fille ?

— La marchande de fleurs de notre rue qu'était sa marraine, y avait donné son nom qu'était Victoire ; mais aujourd'hui, ça s'appelle Lénore : c'est un nom plus attrayant, comme toi que tu te nommes Maria au lieu de Marie, que tu m'as dit.

— Lénore, dis-tu,

— Oui. Ah ça, c'est des bêtises, je meurs de soif.

— Je l'ai vue, ta fille; elle est brune, vive, folâtre, n'est-ce pas?

— Tu l'as vue?

— Oui, je l'ai vue, elle était souvent avec ma.....

Marie se tut. — Tu veux à boire, reprit-elle?

— Oui, tiens v'là de la monnaie, vas-en chercher pour sept sous. Ah ça, qu'on l'emplisse bien!

Marie prit une bouteille et descendit en pensant à sa pauvre Camille, dont elle avait failli prononcer le nom.

Pendant son absence, Georges Picot jeta un regard scrutateur autour de lui; et comme elle allait rentrer, il se dit en haussant les épaules :

— N'y a rien à chipper ici; donne deux verres, continua-t-il en s'adressant à Marie.

Marie lui remit la bouteille; et pendant qu'elle cherchait un verre, il regarda furtivement si on ne l'avait pas volé.

Marie lui donna un verre.

— Tu ne bois pas, donc toi? lui dit-il,

— Non, répondit Marie avec dégoût.

— T'es triste ; tu n'as plus de pratiques, peut-être ; dame ! quand la beauté s'en va, les chalands ne viennent plus ; moi, j'y tiens pied, au moins. — T'es peut-être sans le sou.

— Au contraire.

— Ah ! t'as de l'argent, fit Georges Picot avec une joie féroce.

Et il but un verre de vin.

— T'as peut-être hérité, continua-t-il, je sais que tu proviens d'une noblesse, alors tu vas quitter cette chambre,

— Oui ; avant un mois, j'irai m'ensevelir dans quelque campagne isolée.

— Mes enfans meurent de faim, Maria, tu devrais bien me restituer ce que je t'ai donné.

— Ecoute, je ne te dois rien ; mais si tes enfans meurent de faim, je veux bien t'avancer quelqu'argent : c'est si pénible pour une femme de voir ses enfans sans pain.

Marie s'approcha de sa commode, Georges Picot la suivit.

— S'il allait me voler, pensa Marie ; il

21

paraît honnête homme, cependant.... — elle s'arrêta tout court.

— Eh ben ?

— Je ne sais plus ce que j'ai fait de la clé.

— Ouais !

— Non ; c'est étonnant, je.....

— Fouille dans tes poches.

— Elle n'y est pas.

— Je vois bien que tu ne veux pas prendre pitié de mes enfans.

Marie tremblait, les yeux de Georges Picot étincelaient.

— Eh bien ! continua le bandit en frappant du poing sur la commode ; j'aurai pitié d'eux, moi ; et si tu ne veux pas m'en donner, de l'argent, nous verrons !

Marie recula, pâle, épouvantée, et poussa un cri.

— Crie si tu veux, va, on n'écoute pas les plaintes d'une femme comme toi ; donne-moi la clé, vite, et Georges fit deux pas vers Marie, qui poussa un second cri.

— Dis donc, tu m'embêtes avec tes cris ; tais-toi, sacré tonnerre, et donne-moi la clé.

Marie voulut fuir; Georges l'arrêta, l'étreignit de ses bras nerveux, et la porta sur le lit.

— La clé!

— Grâce.....

— La clé!

— Oh! j'étouffe......

Georges enlaçait de ses mains la gorge de Marie.

Le visage de la prostituée devint rouge cramoisi.

— La clé, ou t'es morte.

Un râle sourd, un râle affreux sortit de la gorge de la pauvre femme.

On frappa à la porte;

— Il y a quelqu'un, dit Georges en contrefaisant sa voix.

Marie essaya de crier, se crispa et mordit Georges à la main.

Celui qui avait frappé, descendit en fredonnant.

<pre>
          Tour à tour,
          Tour à tour,
          On fait l'amour
          Tour à tour.
</pre>

— Ah! ah! s'écria tout-à-coup Georges Picot avec un rire diabolique, je la tiens, cte clé.

Il dégagea ses bras du corps de Marie, s'assura qu'elle ne respirait plus....... et courut ouvrir la commode; il examina tous les objets qui la garnissaient avec une tranquillité infernale; seulement de temps en temps il jetait un regard furtif sur Marie, et prêtait une oreille attentive. Ses recherches étaient vaines; il commençait à désespérer de recueillir le fruit de son crime, quand une petite cassette, soigneusement entourée de linge, frappa sa vue. — C'est cela, pensa-t-il en bondissant de joie, — c'est cela; et avant de l'ouvrir, il prit un second verre de vin.

— Pas mauvais, ce vin là....

Il voulut ouvrir la cassette, mais il lui manquait la clé.

Marie fit alors entendre une plainte.

Un frisson glacial parcourut le corps de Georges Picot. Il s'avança presque tremblant vers la prostituée, et lui asséna un coup de poing sur la tête.

Le sang jaillit jusque sur le front du bandit.

— Va te plaindre au diable, vieille folle, fit-il avec une grimace.

Puis il jeta Marie en bas du lit et la traîna par les cheveux.

Oh! c'était une chose horrible à voir, que cette pauvre femme souillée, échevelée, ensanglantée, étendue sans vie au milieu d'une chambre en désordre.

Mais c'était bien plus horrible encore de voir Georges Picot le bandit, l'œil hagard, luisant; Georges Picot qui riait après un vol, après un meurtre.

Et tout cela, à la clarté d'une lampe, dans le silence de la nuit.

Georges avait pris la cassette et s'enfuyait; déjà il descendait l'escalier, quand il se souvint qu'il restait encore du vin dans la bouteille.

Il remonta et acheva de le boire.

Puis, comme il allait franchir le seuil

pour la seconde fois, sa figure affreuse se projeta dans la glace.

Il eut froid au cœur.

CHAPITRE II.

Les épigraphes nous ennuient.

Marie.

Cette scène se passait quelques semaines après le départ des artistes pour la province.

La fraîcheur du pavé et l'air du matin qui passait par le carreau cassé, ranimèrent peu à peu les sens de Marie ; elle fit un léger mouvement, respira d'abord difficilement, et entr'ouvrit un œil terne.

Il faisait presque jour.

La première chose qui frappa sa vue, ce fut du sang.....

La première pensée qui l'agita, fut que Georges Picot avait emporté la cassette qui renfermait la petite fortune qu'elle destinait à Camille.

Elle pleura.

Puis elle essaya de se traîner jusque sur son lit; puis, encore sanglante, elle se couvrit d'un drap, d'un tapis rougi de sang....

Elle fut bientôt saisie d'une fièvre ardente; et après une heure de souffrances horribles, elle s'endormit.

Et le soleil d'août, pur et scintillant, se reflettait sur sa figure flétrie. —

Deux heures après, elle s'éveilla, et ces pensées amères lui passèrent par la tête:

— Je suis seule, personne ne viendra me secourir; personne ne sera là pour recueillir mes dernières paroles; je vais mourir! oh! mourir ainsi, c'est affreux. — Puis dans un de ces momens de joie ou de désespoir où l'âme nage dans un flot poétique, elle s'écria : — Je suis la rose aux feuilles flétries que le moindre souffle va anéantir ; je suis la rose isolée au milieu d'un champ de roses, et mes compagnes gracieuses et belles ne me prêteront pas leur appui, parce que mes feuilles sont flétries, et qu'elles craindraient de se flétrir en me soutenant.

O ma Camille! mon enfant, tu es la rose gracieuse et belle, et depuis long-temps tu n'oses plus franchir le seuil de ma porte. Tu crois que l'air que l'on respire ici flétrirait tes lèvres et glisserait avec l'opprobre et l'infamie sur ton âme si pure encore. — Oh! viens, Camille, viens, je suis ta mère. — Tu as suspendu tes jeunes lèvres à mon sein. — Viens, ne crains pas d'entrer dans cette chambre où j'ai tant pensé à toi, à ton bonheur, à ta bouche si rose, si souriante, à tes cheveux bruns, à ton front si pur, si blanc. — Et toi, Edouard, viens aussi ; — je t'aime encore. Viens me dire que tu m'aimais, quand tu m'as séduite ; que tu as pensé à moi avec amour : viens, et je mourrai contente. — Mais non, tu es un lâche séducteur; tu ne m'aimais pas, je le sais, et Dieu permettrait que tout le mal que tu m'as fait reste impuni, oh! non, non, je ne puis mourir ainsi, je ne puis mourir sans être vengée..... —

Marie fut bien malade pendant un mois, une prostituée la soignait. —

Pendant ce temps-là, plusieurs lettres lui furent adressées; mais comme elle divaguait, comme elle était à moitié folle, comme tous ses meubles, tout son linge avait été vendu pour payer les frais de maladie, les lettres furent refusées par la prostituée qui soignait Marie.

Trois de ces lettres étaient de Camille; dans la dernière seulement elle écrivait à sa protectrice sa liaison avec le colonel, son mariage projeté, etc., etc.

La quatrième était celle d'Anna, pour laquelle nous vous prions de faire comme les écrévisses; c'est le meilleur moyen de la trouver dans ce livre.

Et la cinquième lettre renfermait l'expédition d'un acte contenant une constitution de rente viagère de mille francs.

Quelque temps se passa.

Marie avait recouvré un peu de santé et de raison ; mais il ne lui restait plus un sou.
— Un jour qu'elle rêvait suicide, accoudée sur le bord de sa fenêtre, un homme entra dans sa chambre, c'était le facteur de la poste aux lettres.

— Voici une lettre pour vous, Madame.

— Donnez, s'il vous plait, dit Marie avec joie.

— Il me faut douze sous ; voyez, elle est de Saint-Firmin.

— De Saint-Firmin ! ciel..... et Marie voulut arracher la lettre.

— Il me faut douze sous, ou vous ne l'aurez pas.

— Ah ! Monsieur, grâce ! je n'ai pas là d'argent, mais je vous paierai.

— C'est impossible, à moi, de délivrer une lettre sans argent ; au revoir, je repasserai.

Marie demeura anéantie.

— De Saint-Firmin, répète-t-elle d'une voix creuse. Oh! il me faut cette lettre : et je n'ai plus un seul sou, et je n'ai plus que les haillons qui me couvrent.

Le regard de la prostituée s'arrêta alors sur le portrait du colonel Edouard d'Ermon ; une idée rayonnante passa sur son front ; elle détacha le portrait et courut l'offrir à un marchand d'estampes : — pour douze sous. —

Une heure après, elle brisait le cachet de la lettre ; son regard avide s'arrêta d'abord sur le post-scriptum :

« Si vous m'écrivez encore, voici mon » adresse : — madame d'Ermon, au château » de Saint-Firmin. »

Marie tomba comme foudroyée sur la paille qui depuis un mois lui servait de lit.

— Il épouse sa fille! Il épouse sa fille! répétait-elle en grinçant des dents. —

Le soir, Marie, l'œil flamboyant, s'achemina vers Saint-Firmin ; elle fit quelques lieues sans s'arrêter, puis elle tomba épuisée, mourant de faim, sur le horle vert qui bordait la grande route; le soleil avait disparu derrière la montagne, et le vent du soir qui bruissait dans les ormes séchait la sueur qui couvrait le front de Marie.

Elle souffrait, elle souffrait, la faim lui déchirait les entrailles.

Chaque fois qu'un voiturier passait près d'elle, elle se jetait à genoux et le suppliait de lui accorder une place dans sa voiture, de lui donner un peu de pain; mais toujours le voiturier restait sourd à ses prières.

Quelques-uns même la repoussèrent durement et lui dirent des injures.

Il était huit heures du soir, quand une voiture élégante passa près d'elle et faillit l'écraser.

— Grâce! je me meurs, cria Marie.

La voiture arrêta. — Es-tu belle? dit quelqu'un à la pauvre femme; et une tête sortit de la voiture pour l'examiner. — Non, tu es affreuse, sale, déguenillée, au revoir!

Et la voiture repartit.

Marie s'était accrochée au derrière de

cette voiture, et se laissait traîner depuis un quart-d'heure ; mais un violent coup de fouet qu'elle reçut dans les yeux la fit retomber au milieu de la route, dans une ornière remplie d'une boue épaisse et blanchâtre.

— Celui qui avait donné un coup de fouet à Marie était Saint-Faust ; il allait aux noces d'Edouard d'Ermon, son oncle, et de Camille. —

Un sot n'a pas assez d'étoffe pour être bon, a dit Larochefoucault.

Marie se tira souillée, remplie de boue, de l'ornière, et fit quelques pas ; alors elle entendit dans le lointain une voix rauque qui chantait cette chanson :

>Tout du long du bois
>Etc., etc.

Marie attendit celui qui chantait ; il eut pitié d'elle et lui donna les débris de son souper que son chien avait refusés, puis il lui offrit une place dans la voiture qu'il conduisait.

Marie se couvrit avec de la paille et s'endormit.

Et le voiturier continua sa chanson.

Pour peu que vous ayez de la mémoire, il vous souvient sans doute qu'Octave arriva à Saint-Firmin, la veille des noces de Camille et du colonel.

Comme il allait entrer dans le village, il passa près d'un groupe de fashionables et de jeunes femmes, brillantes et parées, qui causaient, folâtraient sur un belle pelouse ombragée par des marronniers.

Octave passa sans lancer un seul regard sur le groupe; mais aux palpitations de son cœur, à l'agitation convulsive qui le saisit, il devina que Camille était au nombre des jeunes femmes.

Déjà il était éloigné des marronniers d'une vingtaine de pas, quand on lui frappa sur l'épaule.

C'était le colonel Edouard d'Ermon.

— Monsieur, dit-il à Octave, j'ai eu le

plaisir de rester avec vous quelques jours à *** ; je n'ai qu'à me louer de votre amabilité : je présume que vous voulez passer cette nuit à Saint-Firmin, souffrez que je vous offre un gîte et que je vous présente à ces dames.

— Mais, Monsieur, je vous remercie....

— Allons, ne vous défendez point; et le colonel passa familièrement son bras au bras d'Octave, qui se laissa conduire machinalement.

— Je ne suis pas fâché, pensait-il, de passer une nuit sous le même toit que Camille; peut-être n'est-elle pas encore mariée, et puis je saurai si elle me regrette.

Il alla saluer les jeunes dames avec un trouble qu'on imputa à sa timidité.

Camille était pâle..... — comme vous, Madame, quand votre amant est surpris à vos genoux.

CHAPITRE III.

Que

Le roi.

Fantaisie.

—

Ce soir, en regardant Fiscaro, nous avions pensé à vous parler de la première entrevue d'Octave et de Camille.

Déjà nous avions taillé notre plume; nous l'avions imbibée d'encre, et nous avions écrit ces mots :

Le soir Octave rencontra Camille seule dans le vestibule,

Quand Paul entra dans notre chambre, se frotta les mains en signe de joie, et prit Fiscaro par ses pattes de devant pour le faire walser avec lui.

— Qu'as-tu donc, Paul?

— Je viens d'être utile à l'humanité; et si tu veux m'en croire, tu retraceras cela dans ton roman, afin que ta jolie lectrice au doux sourire, sache que tu as un excellent ami.

— Il fallait me dire cela plus tôt; j'ai assez d'étoffe pour faire un in-octavo.

— Où en es-tu?

— A l'entrevue d'Octave et de Camille au château de Saint-Firmin.

— Quoi! tu es assez conseiller municipal pour écrire une scène si difficile et si ennuyeuse.

— Je ne puis guère m'en dispenser.

— Ecris ce que je vais te raconter à la place de cette scène, et cela fera le même effet.

Comme nous sommes naturellement paresseux, nous avons cédé aux sollicitations de Paul, et nous l'avons prié de vouloir bien écrire lui-même.

Paul a pris notre place, a retaillé notre plume, et s'est mis à écrire ce qui suit.

— Nous, nous avons ouvert notre fenêtre et nous avons contemplé les étoiles qui scintillaient dans le ciel. —

Comment Paul fut utile à l'humanité souffrante.

Ce matin, nous nous promenions assez philosophiquement sur le Pont-Neuf; et comme nous sommes nécessairement observateur, nous fîmes les remarques suivantes avec la justesse d'esprit qui nous est ordinaire.

Nous remarquâmes :

Qu'il devait faire froid, puisque nous étions au commencement de mars, et que le soleil était caché par des nuages grisâtres;

Que les eaux de la Seine coulaient paisiblement, comme la veille, vers St.-Cloud;

Qu'il ne pouvait y avoir une émeute aujourd'hui;

Que pour deux sous on ferait encore cirer long-temps ses bottes sur le Pont-Neuf, vu le nombre prodigieux de décrotteurs qui y étaient étalés.

Nous en étions là de nos judicieuses remarques, quand un enfant de douze ans, sachant faire luire une botte comme un soleil, quand l'occasion se présentait, vint à nous et nous pria très-humblement de lui donner quelque monnaie,

Ce que nous fîmes avec la générosité qu'on nous connaît.

Le petit mendiant était presque nu; nous pensâmes, grâce aux remarques que nous avions faites, qu'il devait avoir froid,

Qu'il ne pourrait se chauffer dans une émeute,

Qu'il y avait une concurrence accablante de décrotteurs;

Et qu'il pourrait bien, le petit mendiant, se jeter dans la Seine et courir comme les eaux vers Saint-Cloud, pour ne pas mourir de faim.

Nous le rappelâmes en criant :

— Veux-tu devenir riche?

On conçoit qu'il répondit oui.

— Eh bien ! tu vas prendre ton domicile sur le Pont-Neuf, tu y résideras depuis dix heures du matin jusqu'à dix heures du soir, et ta seule occupation sera de crier aux passans l'heure qu'il sera.

— Et puis?....

— Et puis voilà tout; on trouvera cela d'une originalité si parfaite, qu'on s'empressera de t'octroyer mainte et mainte pièce de monnaie.

Le petit mendiant alla de suite se placer au beau milieu du pont, et se mit à crier d'une manière à se faire entendre, nous vous prions de le croire :

— Il est dix heures trente-cinq minutes !

Puis, un instant après :

— Il est dix heures trente-six minutes.

Ce soir, nous sommes allé le voir; il est accouru joyeusement au-devant de nous, et

nous dit avec une larme reconnaissante :
— Je suis déjà riche.

Il possédait douze francs vingt-deux centimes.

Si nous osions, nous dirions que tout ceci est exactement faux.

Camille à Lénore.

—

Il est près de deux heures du matin, ma bonne Lénore, je ne puis m'endormir : c'est aujourd'hui le jour de mes noces.

J'ai fait une grande folie; je n'aime pas le colonel, je le sens aujourd'hui. J'avais donné mon âme, j'avais donné tout ce qu'il y avait d'amour dans mon cœur à Octave. Un beau titre et une belle fortune m'ont séduite et vont faire mon malheur.

J'ai revu Octave..... Tout s'est expliqué; il m'a montré les lettres qu'il m'avait adressées, et que Saint-Faust lui a fait remettre à Séville.

Je ne sais ce que je vais devenir; ces robes, ces brillantes parures, ces diamans me font mal.... J'attends Octave ce matin sous le balcon de ma fenêtre; il est au désespoir. Saint-Faust, notre mauvais génie, doit se trouver à la noce; Octave le sait, il veut le tuer.

Je suis dans une perplexité accablante; j'ai déjà pensé qu'un peu de poison me délivrerait d'une vie empoisonnée.

CHAPITRE IV.

Une Dame nous promet une jolie épigraphe pour la seconde édition de ce livre.

Le jour des noces. — Une rose blanche.

—

Le matin, c'était ravissant de voir le balancement des acacias et le soleil aux reflets de pourpre, qui s'élevait pur et radieux dans un ciel aux nuances harmonieuses.

C'était ravissant de voir les gouttes brillantes de rosée qui embellissaient les têtes ondoyantes des dalhias.

Mais c'était plus ravissant encore de voir Camille appuyée sur un des balcons du château de Saint-Firmin; une brise douce et pure comme son âme, faisait onduler ses cheveux noirs sur ses blanches épaules, et son frais visage de jeune fille était animé d'une douce expression de mélancolie.

Il vint un moment où un sourire amer contracta ses lèvres roses, où quelques larmes mouillèrent ses beaux yeux bleus.

Depuis qu'elle était là, son regard fixait une petite porte verte; un jeune homme l'ouvrit tout-à-coup et accourut sous le balcon.

C'était Octave.

— Eh bien! Camille, dit-il à la jeune fille, Saint-Faust a donc lâchement détruit tout ce que nous pouvions espérer de bonheur, et tu as eu la folie de croire que je ne t'aimais plus; et pour me punir, tu t'es abandonnée à un autre.

— Je suis plus malheureuse que vous,

Octave; depuis hier, je sens que je ne puis aimer que vous, et que je haïrai toujours le colonel.

— Imprudente! et tu vas devenir sa femme, tu vas lui vendre ton corps. Il est deux moyens de te soustraire à cette infamie : — la fuite ou la mort!

— Octave, que me proposez-vous là?

— Oui, si tu ne veux pas que tes lèvres soient souillées par des lèvres impures, si tu ne veux pas sentir les caresses d'un homme que tu hais, il faut fuir, il en est encore temps ; tu descendras dans le jardin, je t'attendrai ; et dans deux heures, au lieu d'aller à l'église lui donner ta main, ta main aux veines bleuâtres qui m'a transporté quand je l'ai sentie effleurer mes lèvres ; au lieu de prononcer devant Dieu un serment qui va briser tous tes beaux rêves, qui va détruire toutes tes illusions, tu seras seule, seule avec moi dans quelque chaumière isolée. — Choisis.

— Fuir! c'est impossible; non, jamais, que penserait-on de moi.

A peine Camille achevait-elle ces paroles, que le colonel parut sous le balcon.

— Voilà une superbe matinée, dit-il, après avoir salué Camille et Octave, et j'espère, ma jeune et belle fiancée, qu'un soleil pur et sans nuages éclairera notre hymen.

— Une belle matinée ne présage pas toujours une belle journée, dit Octave en s'éloignant un peu.

— Vous me permettrez, monsieur Octave, de vous dire que vous êtes un oiseau de mauvais augure, continua le colonel; vous me permettrez en outre de vous demander des couplets à propos de mon mariage, monsieur l'improvisateur;

— Je ne le puis, je pars à l'instant.

— Vous ne partirez pas; vous êtes de la noce, et vous êtes pris chez moi comme un oiseau dans un trébuchet.

— Je vous assure....

— Je vous assure que ces dames seront enchantées d'avoir un joli danseur comme vous.

— On m'attend ce soir à dix lieues d'ici.

— Demain, ma voiture vous conduira. Pardieu, je vous trouve bien singulier, de refuser obstinément de vous amuser, de ne pas finir dans la joie une journée si bien commencée ; car peut-on mieux commencer une journée que vous ne le faites : vous avez déjà admiré, je suis sûr, trois choses depuis ce matin :

Le balancement de mes acacias ;

Les têtes bigarrées de mes dalhias,

Et les yeux bleus de ma fiancée.

Dites que je suis heureux, avec la pensée que ce soir je pourrai l'appeler ma femme ; qu'elle sera à moi pour la vie, et qu'enfin elle cessera de s'opposer à mes caresses.

— Oh ! monsieur Edouard, dit Camille qui feuilletait *les Feuilles d'Automne*, ne parlez pas de cela.

— C'est vrai, attendons à ce soir ; je veux toujours me soumettre à vos moindres désirs ; — je vois là une rose qui va m'offrir le le moyen de paraître aimable et de faire un compliment.

Edouard alla cueillir la rose, l'offrit à

Camille en lui disant : elle est fraîche comme vous.

Un sourire forcé se dessina sur la jolie bouche de Camille ; elle tendit sa main blanche, et la rose tomba.

— Pardon.... je suis confuse ;
— Je suis si gauche !

Et tandis que le colonel secouait la terre grise qui s'était collée aux feuilles de sa rose, Octave, s'allongeant comme quelque chose d'élastique, plaçait avec beaucoup d'adresse sur le sein de Camille, la rose blanche la plus fraîche, la plus gracieuse qui fut jamais.

— Je vais penser à ma toilette, dit Camille ; elle salua et ferma sa fenêtre.

Octave alla rêver à l'ombre des acacias, et le colonel rentra chez lui.

— C'est singulier, dit-il, cette causerie au matin avec un étranger ; cette rose qui tombe si adroitement de sa main ; cette autre rose qu'elle paraît accepter avec tant de joie ; cette pâleur hier sur la pelouse : oui, c'est singulier.

Jamais! pensa Camille quand elle se trouva avec Edouard devant le vieux prêtre du château de Saint-Firmin ; mais elle prononça oui.

La rose blanche que lui avait donnée Octave était sur son sein ; et à cet instant, une petite épine lui perça la peau : Camille tressaillit et devint pâle.

CHAPITRE V.

J'aime à me rappeler ce jour où j'ai mangé trois poules en cachette.

Figaro.

Après un doux regard de femme,
Rien n'est doux comme un souvenir :
C'est du miel qui glisse sur l'âme,
C'est comme un rêve d'avenir.

Les Souvenirs.

—

Quand Marie se réveilla, il faisait jour. Elle était encore à dix lieues de Saint-Firmin ; et comme le voiturier n'y allait pas, elle le quitta.

Des rêves pénibles l'avaient agitée pendant son sommeil. — Elle marcha pendant huit heures sans s'arrêter ; quand elle se sentait défaillir, elle regardait le portrait de Camille qu'elle avait emporté, et elle doublait le pas.

— Peut-être, disait-elle, arriverai-je encore à temps.

Quand elle vit dans le lointain les tourelles du château de Saint-Firmin, elle pleura et pensa à son vieux père, mort de chagrins et d'ennuis.

Et quand elle ne fut plus qu'à peu de distance du château, elle se rappela avec un charme ineffable ses joies enfantines; elle se rappela sa jeunesse si calme et si pure.

Et quand elle aperçut le jardin; quand elle put, à travers une grille de fer, promener son regard sur les cerisiers qu'elle avait vu planter, et dont les feuilles rougeâtres tombaient une à une, détachées des branches par le vent d'automne,

Son sein palpita violemment, et cette pensé lui vint : — les illusions sont les feuilles vertes balancées par la brise du printemps. La réalité, c'est la branche nue et dépouillée.

Puis, son œil fixa la fenêtre de sa petite chambre si simple et si modeste. Là, elle avait dormi d'un doux sommeil; là ses rêves étaient si doux, si rians! Sur le bord de cette fenêtre elle s'était accoudée tant de fois pour voir les derniers rayons du soleil couchant, pour voir scintiller dans le ciel la première étoile, pour respirer l'air du soir, qui s'embaumait en passant sur les fleurs du jardin, pour écouter le bruissement du vent, le chant de la fauvette.

— J'aimais tant, s'écria-t-elle d'une voix étouffée et creuse, à voir, par une belle matinée de mars, les fleurs blanches et roses de l'amandier qui ombrageait ma fenêtre : j'aimais tant à les voir se détacher des branches et voltiger comme des papillons.

Je ne vois plus l'amandier, on l'a remplacé par un acacia ; mais je vois encore le grand escalier des voûtes.....

Je vois encore les berceaux de chèvrefeuille, de jasmin et de lilas, où mon père me lisait des contes de fées.

Je revois ces allées touffues où je courais,

petite, folle et joyeuse, après Adéline, l'enfant de Rose la jardinière ; — la pauvre femme doit être bien vieille aujourd'hui ; qu'est devenue Adéline, elle était si fraîche aussi !

Nous cultivions ensemble un petit jardin. Que nous étions heureuses d'y cueillir au printemps l'argentine, la pervenche et les primevères : car c'était à nous le petit jardin, mon pauvre père nous l'avait donné le jour de sa fête, après m'avoir embrassée mille fois, après avoir souri au bouquet de violettes que nous avions cueilli sur le gazon verdoyant de la colline, après avoir souri à la couronne de roses blanches entremêlée de *pensez-à-moi,* que nous avions placée sur sa tête déjà chauve, avec nos petites mains blanches.

Oh ! les fleurs qui croissaient dans notre petit jardin, nous semblaient bien plus belles, bien plus odorantes que celles qui brillaient dans le jardin de mon père.

Ces souvenirs-là sont bien doux et bien cruels !

Il y a dix-huit ans qu'Edouard m'a entraînée sous les voûtes : j'avais à peine dix-sept ans.

J'étais trop faible, trop candide, je l'aimais trop pour lui résister.

Il m'a séduite.... Un mois après, — par une nuit bien noire, il m'enlevait faible et mourante du château.

Sa voiture nous attendait sur ce même chemin; il jurait à la face du ciel de ne point m'abandonner; pendant huit mois, il m'a énivrée d'amour et de volupté.

Puis il s'est enfui. Il avait quitté Anna pour moi, il me quitta pour Anna.

Huit jours après sa fuite, je devins mère de Camille;

Et pour ne pas laisser mourir notre enfant de faim, j'ai vendu des caresses;

Pour empêcher le locataire de nous mettre à la porte, j'ai vendu des caresses;

Et pour acheter une belle petite robe, un joli collier à Camille, j'ai vendu des caresses.

Oh! c'est affreux. J'ai payé la pension de

Camille à Passy avec le produit de ma prostitution.

Je pensais toujours à mon père. — Marie tourna ses yeux humides vers le cimetière de Saint-Firmin. — J'ai appris sa mort; alors j'ai étourdi mon malheur, mon désespoir, en me lançant dans le tourbillon des plaisirs infames, dans une vie ignoble.

J'ai repoussé la vertu comme quelque chose de ridicule, comme une robe mal faite qui m'aurait contrefaite.

J'ai passé des nuits entières d'orgie et de debauches : je n'ai pas cessé d'aimer Camille.

J'ai vendu des caresses en détail, et je n'ai jamais senti que les caresses d'Edouard.

Edouard a passé près de moi sans me regarder, j'ai lu mon opprobre dans son sourire.

J'ai frappé à la porte de son brillant hôtel, il m'a fait chasser par ses valets.

Je n'ai jamais vu sa voiture sans qu'elle m'éclaboussât,

Et je l'aime toujours !

Quel est le plus coupable de nous deux

Edouard? Il va encore se souiller d'un inceste. Oh! si l'inceste était consommé, je le tuerais; oui, je le tuerais. Mais.... j'entends des cris, des cris joyeux, les sons d'un piano....

Une vieille femme passait alors près de Marie; elle paraissait prier, et elle faisait glisser dans ses doigts les grains d'un chapelet.

Marie la reconnut; c'était Rose, la jardinière de son père.

— Madame, lui dit Marie.

La vieille femme tourna la tête lentement et parut effrayée; car Marie était affreuse : ses vêtemens en lambeaux, souillés de fange, ses cheveux en désordre, sa figure pâle, ridée, ses yeux hagards, la rendaient repoussante.

— N'est-ce pas aujourd'hui, continua Marie, que se font les noces du colonel d'Ermon?

— Oui, ma pauvre femme, répondit la jardinière; si vous voulez aller dans la cour du château, on distribue du pain aux pauvres : on dit l'épousée bien gentille et bien douce; je l'ai vue, elle ressemble quasiment à feu mademoiselle Marie, la fille de monsieur le marquis, qu'est morte décédée de misère à Paris.....

La vieille Rose s'éloigna.

— Oh mon Dieu! dit Marie en tombant anéantie sur le gazon.

CHAPITRE VI.

Et puisqu'il faut qu'elles périssent,
Qu'elles périssent sans retour,
Que les roses ne se flétrissent
Que sous les lèvres de l'amour.

    Alph. *de Lamartine.*

Non....
    Une jeune fille.

Le soir des noces. — Sous les noisetiers.

Le soleil vient de jeter son dernier reflet sur la cime des peupliers aux feuilles jaunes, qui environnent le château. Il est disparu depuis quelques instans sous des nuages roses amoncelés à l'occident; la soirée est douce, calme et voluptueuse; on n'entend que le bruissement magique du vent du soir.

Marie est toujours étendue près de la grille de fer ; elle ne respire que faiblement.

Dans le salon du château, on s'abandonne à l'ivresse des danses et des walses.

Les habitans de Saint-Firmin disent ce qu'ils ont dit la veille.

Louis-Philippe, cramponné sur son trône, se rit des républicains et des émeutes.

En Chine, on trouve une plante qui doit blanchir vos jolies dents, Madame.

Paul feuillète un livre d'évangiles pour trouver des épigraphes.

Fiscaro rêve une révolution universelle,

Et une jeune fille aux yeux bleus s'avance pâle et vêtue d'une robe blanche, vers un petit bois qui se trouve à l'extrémité du parc.

Elle est inquiète, parfois elle tourne la tête vers le château ; elle craint d'être suivie, car elle va au rendez-vous.

Elle a franchi avec légèreté le fossé qui sépare le chemin du bois ; sa main blanche et délicate détourne les branches effeuillées des noisetiers qui s'opposent à son passage.

C'est pitié de voir son pied si frêle, ses souliers de satin qui se déchirent aux églantiers; mais c'est ravissant de la voir, la jeune fille si gracieuse et si belle!

Elle s'arrête tout-à-coup et semble prêter une oreille attentive. Ces mots sont dits d'une voix sourde, à quelques pas d'elle :

— Oh! qu'elles me faisaient mal; je crois encore les entendre, ces cloches maudites, mille fois maudites, dont la voix criarde me remuait horriblement le cœur. Oh! si j'étais sourd!

Et si j'étais aveugle, je n'aurais pas vu ce maire à l'écharpe tricolore; ce prêtre au surplis blanc, ces hommes criminels qui l'ont attachée, faible et mourante, dans les bras d'un ignoble.

Et si j'étais muet, je n'aurais pas épouvanté ces bonnes gens qui venaient admirer sa pâleur et ses yeux bleus; je n'aurais pas crié ces mots qui firent trembler les vitraux de l'église : Malédiction sur lui!

Elle m'a juré, la pauvre enfant, que ma rose blanche est restée sur son cœur.

Que fait-elle maintenant, pense-t-elle à moi? Se souvient-elle qu'elle m'a promis de venir ici? Non, une foule bruyante, joyeuse, l'entoure, la caresse. On s'extasie sur les beaux yeux de la mariée, sur ses cheveux noirs, sur sa bouche rose, sur sa taille svelte, et tout cela est à lui! à lui; car il a acheté tout cela.

Et Octave se roule sur un tas d'épines.

— Non, Octave, rien n'est à lui, dit Camille en s'élançant vers le jeune homme.

Octave se relève, lance un regard effrayant à Camille, et lui dit d'une voix tremblante :

— Camille, je vais te tuer; — non, je suis fou! — Peut-on mourir quand la lune est si belle! quand le ciel est si pur! c'est impossible. — Quoi! je te tuerais le soir de tes noces! Quoi! j'irais t'arracher pure et belle des bras de ton époux! — Non, retourne près de lui! il t'attend. — Ne vois-tu pas d'ici ta chambre nuptiale; va-t-en, Camille, va-t-en. — Tu trouveras son corps si léger, ses baisers si brûlans et si doux!

— Octave, vous me faites mal, j'étouffe...

— Et moi aussi, j'étouffe. Viens dans mes bras, Camille; tu es un ange, le bon Dieu nous marie. — Viens, je suis ton époux. — Vois-tu cette belle campagne? c'est le temple du seigneur. — Vois-tu ces nuages qui dansent à la musique du vent? ce sont nos convives. — N'est-ce pas, Camille, que c'est beau! Je suis sûr que tu as déjà deviné notre lit.... sur cette mousse, sur ces feuilles sèches. Viens, Camille, couchons-nous; les noisetiers nous serviront de rideaux, — nous avons la lune pour veilleuse.

— Octave!...

— Oh! oh! reprend Octave en passant sa main sur son front sanglant, comme pour écarter une idée lourde; tu n'iras pas, pour deux chevaux, un voiture, un titre, quelques chiffons et vingt mille livres de rente, tu n'iras pas pure et vierge au lit nuptial, accorder à ton mari un bonheur qui n'est dû qu'à moi; non, tu seras à lui, mais souillée, impure comme lui.

Et, tout furieux, il se lança sur Camille, l'étreignit avec violence, puis............

....
....

Quand le plus beau rêve de la vie se fut évanoui comme une flamme de punch, quand la coupe énivrante des douces sensations fut vidée jusqu'à la lie, celle de l'amertume et des regrets s'offrit à leurs lèvres ;

Le colonel était là......

CHAPITRE VII.

Pauvre femme !

Schiller.

Marie.

—

Et pendant que les contre-danses s'animaient au milieu d'un riche et gothique salon ; pendant que de fraîches et délicieuses jeunes filles s'abandonnaient avec extase aux bras qui les enlaçaient, une femme pâle, le front ridé, l'œil rouge et flamboyant, vêtue d'une robe en lambeaux, arrivait haletante, dans la cour du château de Saint-Firmin.

Des mendians la précédaient et la suivaient.

Une femme sortit de la cuisine et fit une distribution aux pauvres.

Marie voulut se détourner; mais les pauvres qui se pressaient contre la porte de la cuisine lui fermèrent tout passage.

On lui présenta, comme à ceux qui l'entouraient, un morceau de pain et quelques débris de volaille.

Elle refusa et sentit son cœur se crisper.

— Toujours être accablée de honte, pensa-t-elle.

Et les pauvres la glosaient.

— Tiens, ct'autre-là qui refuse une si bonne charité.

— Elle est pourtant sec comme un copeau.

— Ça fait des embarras et ça meurt de faim.

— On a qu'à me donner sa part, j'serai pas si bête qu'elle, moi.

— Ça n'est pas du pays.

— Ça traîne hors de son canton : si le maire le savait....

— C'est quéque vagabonde qu'on aura chassée.

— Ça sent la prison d'une lieue de loin. —

Marie était assise sur le seuil de la cuisine; des larmes amères mouillaient ses yeux.

— Je ne vous demande qu'un verre d'eau, dit-elle d'une voix mourante aux femmes qui se trouvaient là ; elles se prirent à rire.

L'une d'entre elles pourtant, apporta à Marie ce qu'elle demandait.

Marie but et remit le verre; on le jeta pardessus sa tête.

— Je leur parais donc bien hideuse, bien sale, pensa Marie en baissant sa tête sur sa poitrine.

— Allons, allons, la vieille, lui dit avec dureté une des cuisinières, débarrasse-nous de ta personne, nous allons aller voir danser. A propos, Claudine, la chambre nuptiale, comme dit le grand monde, est-elle toute prête; on m'a dit que c'était la petite chambre de mademoiselle Marie dont Rose nous a tant parlé.

— Oui, tout juste, même que j'y ai allumé une veilleuse.

Marie s'était levée péniblement; elle fit quelques pas dans la cour; et quand elle se fut assurée que personne ne la remarquait, elle monta sans faire le moindre bruit vers cette petite chambre si simple, où son enfance avait coulé limpide comme l'eau d'une fontaine.

Personne ne s'opposa à son passage; elle arriva près de la porte, l'ouvrit doucement, la referma sur elle, et alla se placer dans l'alcôve, derrière les rideaux blancs du lit.

— Qu'il vienne, dit-elle alors d'une voix tremblottante; qu'il vienne! — Pauvre Camille! Un démon comme lui deviendrait l'époux d'un ange comme toi? Non, non!
— D'ailleurs souffrirai-je un inceste, souffrirai-je que le père de Camille devienne l'époux de Camille; non, qu'il meure. — Hélas! j'arrive encore à temps; ô mon Dieu, je vous en remercie! — Pauvre ange! Est-ce

qu'il est possible qu'elle l'aimait, oh! non, sa fortune l'a séduite; mais lui, lui, comment se fait-il qu'il l'épouse, une simple modiste comme elle, sans fortune! Il est vrai qu'elle est si belle, ma Camille!

Et à la pâle clarté de la veilleuse, Marie regarda encore le portrait de sa fille.

La pendule tinta douze fois.

— Ciel! déjà, s'écria Marie en tombant à genoux et baisant le portrait.

A cet instant, un bruit de pas parvint à ses oreilles; on s'approchait de la porte, tout son sang se reflua vers son cœur.

On ouvrit, on referma la porte, et on s'approcha de Marie : c'était Octave; la prostituée le reconnut.

Il déposa deux pistolets sur le lit, et dit à voix basse :

— Oui, nous mourrons tous les trois; mais.... je n'ai que deux armes....

— Je suis là, lui dit la prostituée d'une voix effrayante et s'offrant tout-à-coup à sa vue comme un spectre.

— Ciel, s'écria Octave en faisant deux

pas en arrière et reconnaissant la prostituée.

— Silence! répliqua Marie; on pourrait nous entendre, et alors adieu nos desseins: car je devine qu'une même pensée nous fait agir.

— Comment, vous voulez tuer Camille! le colonel!

— Et moi ensuite. Je vous l'ai dit autrefois, jeune homme, qu'il y avait de l'énergie, du courage, dans le cœur d'une prostituée; je viens aujourd'hui me venger et punir un crime en commettant un crime, n'est-ce pas dignement finir ma vie?

Marie raconta en peu de mots sa vie à Octave.

Puis elle le supplia de la laisser seule; Octave descendit au salon.

CHAPITRE VIII.

Tu valses, ma douce Allemande,
Allemande aux cheveux soyeux;
Qu'ils sont bien fendus en amande
Tes yeux!

Romancine.

Le mensonge est le refuge des sots et des poltrons.

Chesterfield.

— Vous m'avez dit que j'étais un poltron,
— Non, mais j'ai dit que vous étiez un lâche.

Vaudeville.

Une Valse. — Saint-Faust.

Le colonel et Camille étaient rentrés dans le salon.

Ce n'était plus la louange aux ailes dorées qui voltigeait autour de Camille, c'était le sourire méchant, le regard malin des femmes.

Elle alla s'asseoir, rouge de honte, sur une dormeuse, et se cacha la figure avec son éventail; elle ne voyait ni n'entendait rien.

Le colonel, plein de fureur, prit Saint-Faust à part et causa avec lui.

— Madame, dit un jeune homme en abordant Camille, vous m'aviez promis la douzième contre-danse, vous vous êtes absentée; la douzième est passée, mais je viens vous prier de m'accorder la prochaine.

Camille ne répondit pas et regarda le jeune homme avec des yeux hagards; il en fut presque effrayé, et se retira après avoir en vain renouvelé sa demande.

Camille sortit et reparut quelques minutes après.... Elle avait été boire la mort.

— Mais voyez donc la mariée; qu'elle est étrange ce soir, disait une jeune fille à Saint-Faust qui se mit à rire aux éclats.

— Voyez-vous, Mademoiselle, répondit-il, c'est un mariage de raison pour Camille.

— Elle n'aime donc pas le colonel?

— Aimer le colonel, cela lui est impossible, puisqu'elle a donné tout son amour à ce jeune homme que vous trouvez si bien et qui vous trouve si mal, vous la plus belle et la plus aimable des jeunes filles!

— Est-ce que je vous ai dit que je le trouvais bien, il a l'air assez sot.

— Oh! si vous saviez, il s'est passé quelque chose de bien drôle tout à l'heure : Camille a été long-temps absente du salon,

— Oui, je sais.

— Sans s'inquiéter des sermens qu'elle a faits ce matin, elle a accordé ce soir une entrevue à Octave.

— Où donc?

— Dans le petit bois qui est à la suite du jardin,

— Et.....

— Et tandis qu'ils renouvelaient une scène d'amour, le colonel qui avait des soupçons est arrivé.

— Que dites-vous là!

— Camille s'est trouvée faible; et pendant qu'on la transportait dans son appartement, le colonel et Octave se sont donné une promesse de mort, pour demain à cinq heures, au milieu du petit bois.

— Quoi! ils se battront!
— Oui, je suis le témoin du colonel.

Camille, assise derrière Saint-Faust, n'avait pas perdu un mot de cette conversation; elle lui lança un regard d'indignation.

Alors Octave qui descendait de la chambre nuptiale, vint la prier pour la valse.

Ils valsèrent tous deux avec une grâce, une légèreté admirables.

La longue chevelure noire de Camille, dont les tresses s'étaient dénouées, voltigeait autour d'eux.

Camille étourdie laissait retomber sa tête sur la poitrine d'Octave.

Elle faisait son dernier beau rêve....

Messieurs, disait Saint-Faust entouré d'un groupe de jeunes gens, il m'est arrivé une aventure bien singulière la nuit dernière :

Ma voiture filait rapidement; j'étais assailli d'idées philosophiques, et je me rappelais avec délices ces soirées si douces d'Espagne, ces amours brûlans d'Andalouses, ces rendez-vous sous les orangers. — Quand on voyage en artiste, on a tant de souvenirs! — Je me rappelais avec quelque regret cette jeune fille de Séville, si brune, si vive, si aimante, qui voulait me suivre à Paris, quand tout-à-coup j'entendis pousser un cri. J'arrêtai mon cheval, et une femme, jeune encore, d'une beauté rare, me supplia de lui accorder une place dans ma voiture; comme je suis le jeune homme le plus fou, le plus original qui soit au monde, j'accédai à sa demande : les femmes m'ont toujours trouvé expéditif en amour; et je vous assure que celle qui était assise alors près de moi, n'a pas jugé le contraire.

<blockquote>
Ce que je fis, je pourrais vous le dire,
Mais je me tais par respect pour les mœurs.
</blockquote>

— Monsieur Saint-Faust?

Saint-Faust qui chantait ce refrain, arrêta tout court; c'est Octave qui lui parlait.

— Vous me permettrez de vous dire que vous en avez menti.

— J'ai menti....

— Oui, vous avez menti ; j'appris, il n'y a qu'un instant, ce qui s'est passé de votre prétendue belle femme.

— Vous me rendrez raison de ce que vous dites ;

— Je suis tout prêt; mais avant, laissez-moi parler :

Votre voiture filait rapidement; jusqu'ici votre narration est vraie ; le reste est faux comme tout ce que vous dites. *Vous étiez assailli d'idées philosophiques;* comme dans votre cerveau étroit il n'est jamais entré que des idées étroites, vous ne pouviez être assailli d'idées philosophiques. Vous ne pouviez vous rappeler *ces douces soirées d'Espagne,* puisque c'est par amour-propre que vous y êtes allé. Vous n'avez pas eu de *rendez-vous sous les orangers,* et vous ne pouviez vous rappeler non plus cette jeune fille de Séville, puisque c'est encore une de vos créations imaginaires : vous vous seriez bien plutôt souvenu de ma rencontre et de celle de Paul dans les rues de cette ville, et de votre fuite si précipitée. Mais arrivons *au cri que vous avez entendu pousser;* en effet, une femme vieille, souffrante, couverte de haillons et mourant de faim, vous supplia de la secourir la nuit dernière, vous ne l'avez pas secourue; votre cheval est reparti au galop; et parce que la pauvre femme s'accrochait derrière votre voiture, vous lui avez lâchement coupé les yeux avec votre fouet. Est-ce vrai, cela?

Saint-Faust, consterné, ne répondit pas; les jeunes gens tournaient sur lui leurs regards étonnés.

— Vous prétendez être *fou*, être *original*, vous êtes le plus niais, le plus commun des hommes.

— Vous m'insultez!

— Oui, je vous insulte; et si vous n'étiez pas si lâche, je vous présenterais une arme pour vous venger.

— Demain à cinq heures! et Saint-Faust disparut.

— Je gage, dit Octave aux jeunes gens qui commençaient à rire de cette mystification ; je gage qu'avant une demi-heure, Saint-Faust sera sur la route de Paris.

CHAPITRE IX.

Au lit nuptial
On ne va plus vierge.
— *Quelqu'un.* —

Fou!.....
   Napoléon.

La Chambre nuptiale.

—

Il était deux heures quand le colonel entraîna Camille vers la chambre nuptiale.

— Ce faquin d'Octave, pensait-il ; demain à cinq heures il verra si on m'offense impunément. — Me coucherai-je avec Camille ? — pourquoi pas, c'est si peu de chose qu'une virginité de femme : pourtant c'est toujours agréable à prendre; enfin, c'est peut-être une compensation que Dieu m'envoie. Il est si honnête et si juste, ce bon Dieu ! Octave venge peut-être tous ces pauvres maris que j'ai..,......... mais quand je pense que c'est à mes yeux, le jour de mes noces. — Je devais m'attendre à cela. Pardieu je suis un grand sot d'avoir voulu me marier. — Elle paraissait si pure, Camille ! C'est elle la première qui m'a inspiré un amour véritable. — Ma foi, à tout péché miséricorde, je coucherai avec elle. —

Les épousés arrivaient à la porte.

Ecoutez, Camille, dit le colonel à sa *femme*, vous avez fait une faute; je vous pardonne, mais c'est la seule fois.

Camille, pâle, l'œil terne, répondit par un soupir.

Le colonel ouvrit la porte et entra avec Camille, la jeune fille se jeta à ses genoux.

— Vous me pardonnez, lui dit-elle d'une voix bien faible et joignant les mains,

— Oui, dit le colonel en la relevant, oui je vous pardonne.

— Et Octave?

— Octave! non, je ne le puis. — Ciel! qui est là?

Les yeux du colonel avaient rencontré les yeux de Marie.

La prostituée s'approcha de lui; elle était hideuse, ses dents claquaient.

— Quoi! lui dit-elle, tu ne me reconnais pas?

— Marie! s'écria le colonel épouvanté.

Camille, chancelante, alla tomber lourdement sur une ottomane.

— Oui, Marie! continua la prostituée, Marie que tu as abreuvée de honte et d'infamie; Marie que tu as abandonnée, que tu as repoussée comme quelque chose d'immonde; — tu me reconnais, et ta fille!..... tu ne la connais pas?

La prostituée désigna Camille; la pauvre enfant se crispait sur l'ottomane.

— Oui, c'est ta fille, et je suis sa mère.

— Quoi! j'ai épousé ma fille......

— Oh!! fit Camille d'une voix creuse.

La pauvre enfant se mourait, et les nuances de la mort passaient et repassaient comme des nuages tristes et soucieux, sur sa blanche figure; le feu de ses yeux était éteint, sa bouche était décolorée; elle voulait parler, mais il ne sortait plus de sa gorge gonflée qu'un râle de mourant.....

Marie effrayée se jeta sur sa fille, l'embrassa avec effusion, la délaça, la prit dans ses bras, l'appela..... rien, elle se mourait.

Il se fit dans la chambre nuptiale un silence affreux.....

Et la musique énivrante du bal, les cris et joyeux rires des jeunes gens, continuaient toujours.

Octave avait quitté le salon en même temps que Camille : il marchait à grands pas dans les allées du jardin. — Elle a choisi la mort, disait-il à voix basse; elle a choisi Dieu pour son refuge; elle a bien fait, la fuite l'eût deshonorée. Pauvre ange! elle me sacrifie sa vie, elle me prouve qu'elle savait aimer; lui survivrai-je? oui, et ma vie sera remplie de son souvenir. Elle doit bien souffrir.... Ce poison doit lui déchirer les entrailles......

Octave se sentit frissonner : — A cet instant l'âme de Camille s'envolait au ciel, emportant une pensée d'amour.

— Morte !...... s'écria la prostituée, en lançant un regard terrible au colonel.

Le colonel était comme un homme ivre.

— Tu l'as tuée, ta fille ! tu l'as tuée ! Vois ses beaux yeux bleus, ils sont sans vie ; vois cette pâleur livide..... O ma Camille, ma pauvre enfant : tu ne lui survivras pas, n'est-ce pas, Edouard ? non, car tu serais maudit. — Un de tes caprices a pu conduire une femme à l'infamie, a failli causer un inceste..... Tu dois mourir. — Meurs, et je te pardonne tout le mal que tu m'as fait.... Meurs, et j'irai prier Dieu sur ta tombe.... Tu crains la mort, lâche ! Et si je t'étranglais, si je te déchirais le corps avec mes ongles.... va, tu souffrirais encore moins que je n'ai souffert sous le poids de l'opprobre dont tu m'as couverte.

Marie alla encore se jeter sur le corps inanimé de Camille; et quand elle se retourna, le colonel avait disparu.

— Le lâche! s'écria-t-elle.

Nous avons vu, l'automne dernier, le colonel Edouard d'Ermon à Charenton.

CHAPITRE X.

> Mais au même instant, Dieu !
> Quel affreux miracle ; le manteau
> du cavalier tombe en poussière,
> sa tête est changée en une tête de
> mort décharnée, son corps est un
> squelette.
>> *Burger.*

Il était donc rempli, le rêve de mon âme.
> *Alex. Dumas.*

Que les rêves d'amour ont un affreux réveil !
> *Lesguillon.*

> L'air est doux,
> La nuit tombe ;
> A genoux
> Sur la tombe,
> L'œil en pleurs,
> Seul, je cueille
> Quelques fleurs
> Que j'effeuille.
>> *Nous.*

La Danse infernale.

Octave allait pâle et souffrant vers la tombe de Camille ; la soirée était calme, et les rayons du soleil couchant glissaient dans le cimetière de Saint-Firmin, à travers les grilles de fer et les saules pleureurs qui l'entouraient.

Camille avait été déposée, pour y être embaumée, dans une chapelle que les nobles seigneurs de Lancy avaient fait bâtir vers le quinzième siècle.

Octave ouvrit la porte de cette chapelle et entra en tremblant; ses genoux fléchirent sous lui.

Son premier regard s'arrêta sur douze cierges qui brûlaient.

Un crucifix d'ébène était suspendu au plafond, chamarré de fleurs artificielles.

Les murs de la chapelle étaient noirs; vis-à-vis la porte on lisait :

**PRIEZ DIEU
POUR LE REPOS DE LEURS
AMES.**

Ces mots étaient brodés de larmes blanches.

Au-dessus on voyait une tête de mort et deux os croisés obliquement, dessinés sur le mur.

Puis au-dessous, un drap mortuaire recouvrait une tombe.

C'était là que reposait Camille.

Octave se jeta à genoux, et posa son front sur la tombe.

Il pria.....

Puis, comme un dernier adieu à sa Camille morte, sa voix poétique laissa tomber ces vers, mélodie de souvenirs et de regrets, douloureuse prière, romantique *de profundis* chanté sur la tombe d'une amante.

> Oh! je souffre comme un damné,
> Près de sa tombe qu'on me laisse.
> Pauvre ange! On a trop tôt sonné
>   Ta lesse!
>
> Je n'irai plus, comme autrefois,
> Rêver près de toi sur la mousse,
> Et je n'entendrai plus ta voix
>   Si douce!
>
> Je ne verrai plus qu'un tombeau;
> D'un beau rêve la mort me leurre.
> Quand je pense à ton œil si beau,
>   Je pleure!.....
>
> L'air est voluptueux et doux,
> Aux cieux notre étoile scintille,
> Voici l'heure du rendez-vous,
>   Camille.

Près de moi tu venais le soir,
Quand sur le ciel glissait la lune ;
Près de moi tu venais t'asseoir,
  Ma brune.

Aujourd'hui ton cœur est glacé,
La tombe à mes yeux te dérobe,
Un blanc linceul a remplacé
  Ta robe.

Adieu ! mon riant avenir,
Que la destinée est étrange !
Je n'ai plus que ton souvenir,
  Pauvre ange !

Dans mes bras, tremblante d'amour,
L'œil brillant comme un diadème,
Tu ne me diras plus un jour :
  Je t'aime !

Ma Camille aux cheveux soyeux,
Te souvient-il du jour suprême,
Où je te disais tout joyeux :
  Je t'aime !

J'ai vu ton linceul aux longs plis,
Plus de joie et de douces larmes.
Mes derniers jours seront remplis
  D'alarmes !.....

Octave se tut et ses pleurs tombèrent comme une douce rosée sur la tombe de

Camille; il y pencha une seconde fois son front brûlant......................
....

Et une brillante jeune fille aux yeux bleus et passionnés apparut à sa vue; il la reconnut : c'était Camille; elle s'approcha de lui et l'embrassa sur le front, mais ses lèvres étaient glacées.

Octave fut saisi d'effroi; il se sentait transporté dans un océan de sensations diverses qui bientôt le firent tomber inanimé près de Camille.

Et quand il ouvrit les yeux, il se trouva assis près d'elle, dans un boudoir où perçait un jour voluptueux.

— Camille! s'écria-t-il.

— Tu trembles, mon pauvre Octave, je suis donc bien à craindre?

— Tu étais morte!......

— Morte? non, tu es fou, tu ne me trouves donc plus fraîche et jolie? mes yeux ne brillent donc plus?

Octave regarda Camille : elle était belle encore comme la première fois qu'il la vit, fraîche comme les pétales d'une fleur qui s'entr'ouvre; sa chevelure noire et soyeuse flottait sur ses blanches épaules, et sa robe laissait entrevoir son sein si pur et si rose.

— Eh bien, Octave?

— Tu es toujours belle,

— Et toujours ton amante. Ma mort était une ruse, je voulais savoir si tu m'aimais.

— Mais ta mort n'était pas une ruse, puisque j'étais là quand le docteur Wilmen ouvrit ton beau corps, et quand il reconnut que tu t'étais empoisonnée.....

— Fou, tu as rêvé cela; viens, l'autel est dressé et le prêtre nous attend, il va nous unir.

— C'est impossible!

— Viens, te dis-je, et Camille prit la main d'Octave. Il tressaillit, car la main de la jeune fille était glacée..... il la suivit, et bientôt un temple superbe s'offrit à ses yeux; devant un autel aux draperies émaillées d'or, un vieux prêtre était agenouillé; sa voix solennelle retentissait dans l'église : il se leva tout-à-coup, et vint unir les deux amans.

Puis tout disparut aux yeux d'Octave; et au milieu d'une chambre bleue éclairée par une lumière pâle et mystérieuse, il vit un lit blanc comme la neige, ombragé par des rideaux blancs aussi : c'était la couche nuptiale; et Camille qui venait de s'y pencher, le regardait d'un œil passionné; il l'approchait ivre d'amour, et bientôt sous eux le lit se balança mollement comme un jeune arbre à la brise d'été, et le bruit voluptueux de leurs baisers se perdit dans les sons d'une symphonie divine.

Puis tout s'effaça comme une étoile sous un nuage, et fut remplacé par une joyeuse mascarade. C'était une salle magnifique où nageait la lumière d'un lustre aux mille étoiles; c'étaient de riches et brillans costumes; c'étaient de jeunes indiennes au teint basané, des Italiennes aux yeux noirs et passionnés; c'étaient de brunes Andalouses, de brûlantes Espagnoles; c'étaient de gracieuses Françaises, de rêveuses Allemandes, qui toutes dansaient les danses les plus folles, les plus variées, avec d'aimables dandys déguisés en dominos rouges, blancs, noirs, en arlequins, en pierrots; deguisés en costumes de tous les temps, de toutes les formes, de toutes les nuances et de tous les pays.

C'étaient de belles chevelures, ornées de blanches aubépines et de boules de neige qui se balançaient majestueusement sur les têtes des jeunes filles, *comme un arbre sur une montagne;* c'étaient de folles et bruyantes causeries sur les divans, une harmonieuse musique, des chants d'amour, une joyeuse folie, un bal fantastique.

Octave était en extase.

— N'est-ce pas que tout cela est beau, Octave?

— C'est à ravir!

— Maintenant, je veux glisser avec toi sur les flots bleuâtres de l'Adriatique; viens.

Ils sortirent; déjà les vagues de l'Adriatique battaient contre les marbres blancs du palais, et un gondolier les attendait. Ils descendirent dans sa barque, qui bientôt glissa sur les flots, comme un nuage dans le ciel.

Camille, assise sur les genoux d'Octave, effleurait de ses doigts les cordes d'une mandoline, et chantait :

> L'Amour est le plus sage
> De tous les matelots;
> Avec lui le passage
> Est bien doux sur les flots.
>
> Octave, mon idole,
> Sur la mer nous glissons;
> Dis, sur une gondole
> Aimes-tu les chansons?
>
> J'aime, quand tu m'admires,
> J'aime à te voir joyeux,
> Et j'aime quand tu mires
> Tes beaux yeux dans mes yeux.
>
> Mon Octave, mon ange,
> Dis, ne trouves-tu pas
> Que ma vie est étrange,
> Toi qui vis mon trépas.......
>
> L'Amour est le plus sage
> De tous les matelots;
> Avec lui le passage
> Est bien doux sur les flots.

La barque abordait sur la côte d'une campagne aux fraîches nuances.

— J'ai épuisé toutes les jouissances que j'avais rêvées dans ces nuits si douces pour moi, où la vie me paraissait si riante et si belle. A toi maintenant Octave, te souvient-il de ces projets que tu fis dans ma chambre la veille de ton départ pour l'Espagne? eh bien! ces projets seront réalisés.

Ils marchèrent pendant quelque temps dans la campagne, et arrivèrent près d'une jolie maisonnette environnée d'amandiers, de cerisiers et d'acacias; la chambre de la maisonnette était fraîchement décorée; des fleurs odorantes étaient répandues de tous côtés. A travers les vitraux de l'une des fenêtres, on voyait un jardin, simple, pittoresque et romantique, au milieu duquel une source d'eau qui descendait de la colline, s'était creusé un lit tortueux.

Puis les cerisiers, la maisonnette, le jardin, le ruisseau s'évanouirent comme un rêve quand on s'éveille, et Octave se retrouva dans la salle du bal, mollement assis sur une ottomane près de Camille; une fièvre d'amour, de volupté faisait battre leurs cœurs, et tous deux saisis d'un même désir, s'élancèrent au milieu des folles et voluptueuses contre-danses.

Mais tout-à-coup des cris funèbres frappèrent l'oreille d'Octave : c'était le chant des funérailles; un long cortège de prêtres en deuil parut à ses yeux et s'avança dans le salon avec une bière recouverte du drap mortuaire.

Un frisson glacial avait saisi le jeune homme. La danse et la musique venaient de cesser, et le palais se transformait en un cimetière. Les joyeux masques, les jeunes filles restaient tous là, debout, immobiles, et tournaient avec Octave leurs regards effrayés sur quatre fossoyeurs qui creusaient une fosse profonde au milieu du cimetière.

— Camille, ma douce Camille, ne restons pas là, disait Octave à son amante. Il voulait l'entraîner, mais ce n'était plus qu'un squelette animé qui lui caressait la figure avec ses mains osseuses et décharnées....

Un prêtre ouvrit le cercueil, et le squelette courut s'y placer en faisant entendre un gémissement sourd et plaintif. La fosse était creusée ; deux hommes refermèrent la bière et la descendirent ; on entendait toujours des gémissemens sourds et plaintifs ; le chant des funérailles, et dans l'éloignement le glas des cloches.

Quand la fosse fut recouverte de terre, Octave s'y précipita ; et autour de lui arrivaient de tous côtés des squelettes affreux à voir : c'étaient les jeunes hommes, les jeunes filles du bal, ainsi métamorphosés ; on voyait flotter autour d'eux leurs costumes en lambeaux ; et bientôt, au bruit horrible que faisait le craquement de leurs os, ils dansèrent la danse infernale sous les regards mystérieux de la lune.

Ce n'étaient plus ces jeunes vierges brillantes et parées, qui sautaient, glissaient, tournoyaient sur un parquet luisant ; ces jeunes filles dont les figures, les tailles aériennes se dessinaient dans les glaces : non, c'étaient des cadavres décharnés, sans regards, sans paroles, dont les ombres gigantesques, effrayantes, se dessinaient à travers les croix noires et les tombes blanches du cimetière. Ce n'étaient plus ces visages roses, rayonnans de plaisir et de joie, c'étaient des os; ce n'étaient plus ces doux parfums qu'on respirait une heure auparavant, c'était une senteur de mort; et au lieu de cette danse si gracieuse, c'était la danse infernale.

Le rêve se brisa.

Octave effrayé, mouillé d'une sueur froide, se releva en frissonnant; le feu des cierges était éteint, et la chapelle n'était éclairée que par les reflets de la lune. Sa vue s'arrêta sur la tête de mort..... il eut peur et s'approcha tout tremblant de la fenêtre en ogive qui donnait sur le cimetière; mille fantômes imaginaires se présentèrent à ses yeux; il frissonna et s'élança vers la porte qu'il ouvrit précipitamment, et s'enfuit.

Et comme il traversait le cimetière, il faillit renverser une femme couverte de quelques lambeaux noirs.

C'était la prostituée.

Elle venait aussi prier Dieu sur la tombe de sa fille.

Et depuis on ne la revit jamais....

CHAPITRE XI.

Je suis triste jusqu'à la mort.

Jésus-Christ.

La vie est une course inutile et fatigante, quand elle est décolorée, quand il ne lui reste plus une seule illusion ; il serait triste de faire cette course s'il n'existait nul souvenir pour rendre de la poésie à l'âme.

Octave.

Et maintenant, Octave a fixé sa demeure près de Malaga, dans cette fraîche et délicieuse vallée où l'air est si pur et l'ombrage des orangers si doux.

S'il vous arrive un jour d'aller chercher des inspirations *sous le beau ciel de l'Andalousie,* allez voir Octave.

Si vous êtes Français, il vous serrera la main; si vous êtes artiste, il vous embrassera; et si vous êtes malheureux, il pleurera avec vous.

Vous le reconnaîtrez sans peine à la belle expression qui anime sa figure pâle, à la tristesse de ses yeux noirs.

Il vous parlera de Camille, de Thérésa la folle et d'Anatole.

Le matin, vous le verrez occupé à tresser une couronne de fleurs; il vous conduira vers un cimetière, et ira la déposer sur la tombe d'Anatole.

Le soir, il vous prendra le bras, et s'avancera avec vous dans une allée d'orangers, puis dans le champ de figuiers où il a vu Thérésa la folle.

Et la nuit, à la faible clarté d'une lampe, vous le verrez dans un cabinet obscur, entouré de livres, bâtissant un drame, un roman. Près de lui, vous verrez suspendue une robe blanche; et sur sa table, une longue chevelure noire.

C'est la robe de noces, c'est la chevelure de Camille.

Et de temps en temps, vous verrez passer à travers les vitraux de la porte de sa chambre, une femme déjà bien vieille à quarante ans; elle est pâle comme lui : c'est sa mère qui veut prévenir un suicide.

Oh! si vous allez en Andalousie, n'oubliez pas Octave.

FIN.

TABLE.

PREMIÈRE PARTIE.

			PAGES.
Chap.	I.	Marie	9
	II.	Anna.	17
	III.	La modiste.	23
	IV.	Une confidence à notre lectrice.	33
	V.	Paul	37
	VI.	Camille	53
	VII.	Près de la statue au bras brisé.	59
	VIII.	La prostituée	69
	IX.	Lénore.	79
	X.	Où vous verrez qu'un carreau cassé est parfois fort utile	89

TABLE.

		PAGES.
Chap. XI.	Un déjeûner d'artistes	101
XII.	Un triste jour	113
XIII.	Les deux fous	121
XIV.	Saint-Faust	133
XV.	Dans la tourelle	143
XVI.	Dans l'alcôve	153
XVII.	Faisons une course	161

DEUXIÈME PARTIE.

I.	Lettres	173
II.	Deux scènes	197
III.	Pendant l'orage	211
IV.	Les improvisateurs	219
V.	Lettres	233
VI.	Dans la vallée	259
VII.	Thérésa la folle	267
VIII.	Anatole	283
IX.	Saint-Faust, artiste	299
X.	Fantaisie	311

TROISIÈME PARTIE.

I.	Un crime dans la Cité	321
II.	Marie	333
III.	Fantaisie	345
IV.	Le jour des noces.—Une rose blanche	355
V.	Les souvenirs	365

TABLE.

Chap.	VI.	Le soir des noces. — Sous les noisetiers	375
	VII.	Marie	383
	VIII.	Une valse. — Saint-Faust	391
	IX.	La chambre nuptiale	401
	X.	La danse infernale	409
	XI.	Octave	425

FIN DE LA TABLE.

LAON, VARLET-BERLEUX ET F. BOUQUET, IMPRIMEURS,
Rue Sérurier, n. 36.

Pour paraître prochainement :

Sur la mousse
Au printemps,
Passe-temps
D'Alfred Mousse.

UN VOL. IN-8°.

www.ingramcontent.com/pod-product-compliance
Lightning Source LLC
Chambersburg PA
CBHW051823230426
43671CB00008B/815